おいしい京都学

料理屋文化の歴史地理

加藤政洋
河角直美

ミネルヴァ書房

はしがき

京都の料理ときいて、みなさんはどのような料理をおもいうかべるでしょうか。本書は、近代京都の都市史をひもときながら、ときには江戸時代まで、またときには現代までを往還しつつ、料理（屋）文化の系譜をたどりなおしてみる試みです。

京料理というジャンルがすっかり定着した感もありますが、ここではふれません。本書で取り上げるのは、「いもぼう」、海川魚料理、うなぎ料理、とり料理、そして洋食です。聞きなれない「いもぼう」を措くとして、後四者はとりたてて京都に固有の料理というわけではありません。ところが、どこにでもありそうな、これらのありふれた料理には、思いもよらぬ歴史が隠されています。たとえば、なぜ京都のうなぎ料理屋の蒲焼は東京風（江戸焼き）なのでしょうか。

本書は、現代京都のフードスケープにすっかり溶け込んでいる料理のルーツ（起源と経路）を探訪する旅となります。

河角直美・加藤政洋

おいしい京都学——料理屋文化の歴史地理【目次】

凡　例

- 花街名などの通称地名は《　》で表記している。
- 資料・新聞記事の検索と閲覧にあたっては、主として以下のデータベースを利用した。国立国会図書館デジタルコレクション、聞蔵Ⅱビジュアル（朝日新聞データベース）（現・朝日新聞クロスサーチ）、毎索（毎日新聞データベース）、ヨミダス歴史館（讀賣新聞データベース）。
- 資料の引用などにあたっては、次の諸点に留意した。難読漢字にはルビを補い、旧字体の漢字を新字体にあらためた箇所もあるほか、適宜、句読点も補った。筆者（引用者）による補記・注記は〔　〕内に示し、必要に応じて傍点による強調を施した。引用文中に、現在では不適切とおもわれる用語や表現もみられるが、資料としての価値を鑑みて原典のままとした。
- 本書の全編を通じて、立命館大学アート・リサーチセンターがウェブで公開している「近代京都オーバーレイマップ」（https://www.arc.ritsumei.ac.jp/archive01/theater/html/ModernKyoto/）を参照している。現在のGoogleマップ上で過去の地図を選択して「地図画面の右上にあるスライダーを左右に移動させると、地図の透明度を任意に変更でき」るので、ぜひ関連する地図を選んで過去・現在の地図と本書を往還しながら読み進めていただきたい。

図表出所一覧

序章　料理のテーマパークへようこそ

楓の古木が枝を張っている小径を少し行くと、鄙びた門があり、風雨に曝された「平八茶屋」と僅かに読み取れる看板が掲り、その横に風雅な木鐸を吊している。壹岐は足をとめた。

「相当、古いお店のようですね」

「ええ、昔この辺りは、裏日本から京都へのぼる若狭街道の集落として発達したところで、このお店も、江戸時代から街道の茶屋、旅籠と続いて来た古い店で、先代あたりから川魚料理で知られるようになったと聞いておりますわ」

（山崎豊子『不毛地帯』より）(1)

1 英峰比叡へ!!

豊臣秀吉は、大阪城の天守閣から比叡山（標高約八五〇メートル）方面を遠望したことはあったのだろうか。直線距離にして約五〇キロメートル、いまでは大阪城公園の北に位置する京阪電鉄京橋駅から山麓の叡山電鉄八瀬比叡山口駅まで、出町柳駅での乗り換えを要するものの、七〇分前後で到着することができる。

かつて柳田國男は鉄道（汽車）を「縮地の術」と呼んでみせたが、(2) 交通機関の整備にともなう時間距離の段階的な短縮によって、この霊峰は昭和戦前期の京阪神において、日帰りで楽しめる行楽地となっていた。京阪電鉄が鴨東線の開業によって出町柳まで延伸したのは平成元（一九八九）年であるが、叡山電鉄の歴史ははるかにふるい。

図序－1　ケーブルカー

叡山へのみちを切り拓いた人物は、次のように語る。

京都の繁栄は東方より南方に移り、近来は西方に発展の勢ひを示したけれども、北方は殆ど昔のままの状態を脱し得ない。是は主として交通機関の無いためで従来北方に電気鉄道の敷設を計画したものは二、三に止まらず、且て京都電気鉄道会社が今出川以北の加茂川を埋立て、八瀬に至る電気鉄道を発起し、すでに政府の許可を得たが、中途で之を放棄し、又、吉田佐吉氏も出町柳から叡山四明ヶ嶽に至る蒸汽鉄道の敷設を発起し是れも政府の許可を得たが、中途で放棄するに至り、其の他類似の出願者は相當多数有つたが最後まで成し遂げる見込の立つた者は殆ど無かつた。(3)

の描く観光空間

京都電燈の経営に携わり、京都実業界の中心となる大澤善助《おおさわぜんすけ》（一八五四〜一九三四）の回想である。近代京都における市街地発展の地理的不均衡に目をつけた彼は、未開発地域への大規模な資本投下を目論む。類する企図がいずれも頓挫するなかで、「洛北一帯開発」に本格参入し「叡山電鉄建設」をなしとげたのが、大澤率いる京都電燈であった(4)。

出町柳‐八瀬間の鉄道「平坦線」にはじまり（一九二五年九月開通）、ふもとの八瀬‐山頂（四明嶽《しめいがたけ》）間のケーブルカー「鋼索線」（同年十二月開通）、さらには谷をまたぐ四明嶽‐延暦寺間のロープウェー「架空索道」（一九二八年九月開通）と、近代的な交通機関三種を組み合わせることで、京都の市街地と比叡の山頂とをむすんだのである（図序‐1）。のちに四明嶽（四明岳）に開設されるスキー場について京都電燈は、「夕食後京都市内より三十分にして夜間スキーを楽しめる」と謳うのだった(5)。

図序-2　吉田初三郎

こうして、近江（琵琶湖）側までをもふくめた「叡山周遊」を可能にする交通網が築かれ、歴史都市・京都の郊外である「洛北」に新たな観光空間が誕生した。[6] 吉田初三郎の描く「比叡山名所遊覧交通鳥観図」は、まさにこの観光空間を表象する一大絵巻といってよい（図序-2）。

本節のタイトルは、昭和初年のガイドブックにあった「何はともあれ先ず第一に　英峰比叡へ!!　仙境八瀬へ!!」という見出しからとられている。[7] では、もうひとつの目的地である山麓の八瀬へ向かうとしよう。

2　仙境八瀬へ!!

出町柳で叡山電鉄叡山本線に乗ると、電車は横ゆれしながら高野川左岸をゆっくりと北上していく。沿線には詩仙堂、曼殊院、修学院離宮、そして三宅八幡宮などの名所が点在するので、鉄道敷設当初から遊山にはもってこいの路線であったにちがいない。

岩倉川と合流する松ヶ崎付近を過ぎるあたりから、線路は高野川とともに東へと曲線を描く。盆地の底に位置する京の都には、いくつもの街道をつうじて四方八方から物資がもたらされた。若狭の小浜を発し、近江の朽木や花折峠、そして三千院のある大原を経て京へといたる若狭街道（敦賀街道）もまた、そのひとつ。電車は「鯖街道」として人口に膾炙したこの街道とも並行しながら、まもなくすると八瀬比叡山口駅に着く。

静かな里である。改札を出たところに柴漬を売る土産物店があるほかには、目をひくものはない。落ち着いた外観ながらも豪奢であろうホテルが広大な土地（かつてスポーツバレー京都という施設のあったところ）を占有しているようなのだが、さして興味もわかないので高野川の清流をわたり、対岸にたつ。泥の堆積した池の脇には、古びた木造の建物が残る。客室のような広間もみえているので、食事処であったのだろう。池と山の斜面とのあいだには、建造物が取り壊されて更地となった区画もみられる。

小高いところに設置されたケーブル八瀬駅へ向かう石段の脇にも、高野川に面して平屋（一部二階建て）の建物がある。とても印象的な外観で、やはりここも飲食関連の店舗であったにちがいない。いまはロープが張られて、廃墟となっているようだ。新緑や紅葉の季節ならともかく、一年を通じて来客の見込まれる場所ではあるまい。

ケーブル八瀬駅の南東には、斜面を縫うように小道が整備されていて、ところどころに石垣を組んで造成された平坦な土地もあり、かつて建物が建っていたことをうかがわせる。おどろくべきは、この斜面にいく筋もの水路の跡がみられることだ。傾斜のきつい斜面をまるごと庭園にするかのような造作である。さらにすすむと、そこにはなぜか「平安遷都紀念樸」なるものが建立されていた。これらが「仙境」と称された八瀬の残影なのか……。

読者のみなさんを連れまわすようで申し訳ないのだが、時間‐空間を昭和初年の出町柳駅までもどす。

市内電車（河原町今出川）を下りて北へ、出町橋を渡れば出町柳駅あり。気持よい幅広の電車（平坦線）は此処より直線の軌条を音も軽く高野川右に添ふて走る。下賀茂神社の茂れる老杉を始め帝大、吉田山、大文字山を後に、元田中、茶山、一乗寺、修学院、山端、三宅八幡の六駅を経て比叡山麓八瀬駅に着く。此処は平坦線終点駅にして、八瀬駅迄の所要時間数ふるに僅か十八分、柔い座席《シート》と動揺の無い電車は窓外の美景と共に若干の疲労をも感ぜしめない。

八瀬駅の改札をくゞれば八瀬遊園地に入る、八瀬遊園地は自然の庭相を備へ、山峡、渓川を巧に利用して二つの瀧あり巨萬の資を投じて完成せる遊園地は、あらゆる設備を完備して四時遊覧者跡をたゝず、真に推賞に値するものあり。[8]

「涼味萬斛夏の八瀬」

八瀬比叡山口駅の改札を出ると、いまは静かな里である。だが、そこはかつて駅前遊園地として開発された《八瀬遊園地》であったのだ。京都電燈の社史には、次のように記されている。

……〔略〕……平坦線の終点八瀬に高野川の清流を挟み、恵まれた自然美をそのまゝ活用して、瀧あり池あり渓流ある約三万坪の閑寂な遊園地が作られた。然も園内には鄙びた造りの料亭を点在せしめ、プール、ローラースケート、電気列車、電気自動車、動物園、昆虫館、水族館、植物園その他運動器具の一切を備えて、一日の清遊に都塵を洗ふに適当してゐた……〔略〕……[9]。

鋼索線（ケーブルカー）の開通した大正十四（一九二五）年十二月に遊園地も開園したようだ[10]。それにしても、である。遊園地に「プール、ローラースケート、電気

図序－3　鳥瞰図

列車、電気自動車、動物園、昆虫館、水族館、植物園」があるのは、わかる。遊具を楽しむ子どもたちの歓声がひびく空間、それが一般的な遊園地であろう。

では、「恵まれた自然美」をそのままに、清流・瀧・渓流・池など親水性の高い「閑寂な遊園地」を、どのように理解したらよいのであろうか。しかも、そこには「鄙びた造りの料亭」まで「点在」しているという……。

3　〈洛味〉の楽園

世にも奇妙な「閑寂」なる《八瀬遊園地》を空間的に読み解くうえで、北西方向から鳥瞰的に描かれた広告「涼味萬斛《ばんこく》夏の八瀬」が役に立つ[11]（図序－3）。手前をゆるやかに蛇行する高野川、絵図の中央には大きな池が描かれる——池のなかの小島のような築造物はいまも現地で確認することができる。左下の「西塔橋」

という文字のある空白地帯から、図幅の範囲外となる手前（下部）には、若狭街道がとおる。左方に「ケエブルカー」の駅、右方に「八瀬駅」が配されているので、《八瀬遊園地》のおおよそのひろがりをみてとることができるだろう。

　このような構図のなかで、まず注目したいのは、「テニスコート」、「スケート」、「魚釣場」、「大弓場」、そして「プール」などの遊戯施設が、線路と高野川にはさまれた一画に集められていることだ。図幅にしめる割合はじつに小さい。これら平面的な施設に対して、立体的に描かれたのが「柊家」である。柊家といえば、いまも京都市役所近傍にある老舗旅館がすぐに思い浮かぶ。事実、八瀬の「柊家」は「和労亭」とも称される支店であった。

　八瀬駅から若狭街道にかけては、「渡柳軒」（麺類・丼物・甘味の食堂）、「田吾作」、「便利軒」（弁当販売）、「栄月」（牛肉すき焼き）と飲食店が列状にならび、最北端には「乗合自動車」が立地する。その背後には、水田がひろがっていた。

　他方、高野川左岸はどうであろうか。もくもくと繁る木々のあいだに、「鄙びた造り」かどうかはともかく、まさに料理屋の「点在」するさまがはっきりとわかる。左から順に文字をひろっていくと、

平八茶屋　新三浦　土井しば漬　出雲屋　た古政
いなり茶屋　わらび餅　平の家いもぼー　童子餅　□□軒

杉の家　魚新　三軒家　志賀之家

となる。「発電所」は、京都電燈の高野発電所（水力）である。

興味ぶかいことに、これらのなかにはその名を知られる有名な店がふくまれている。「平八茶屋」は、いまも山端《やまばな》に店をかまえる平八茶屋の支店である。冒頭で引用した山崎豊子『不毛地帯』の文章は、ケーブルカーを下りた主人公の壹岐たちが、「すぐ手前の高野川沿いの小道の方へ」入っていくシーンにつづく叙景である。すると、「江戸時代から街道の茶屋、旅籠と続いて来た古い店」という説明は事実でなく、山端「平八茶屋」（本店）に関するものであろう。図序－1の高野川左岸にみえている建物群こそ、平八茶屋の支店にほかならない。地元紙の『京都日日新聞』に掲載された広告によると、《八瀬遊園地》にこの支店が開業したのは大正十五（一九二六）年八月三十一日のことであった[12]。

河畔の木々に囲まれた「新三浦」もまた、当時、二条川端東に立地した鳥料理屋の支店である。二条川端東の本店は《上木屋町》に移り、現在も暖簾をまもっている。《八瀬遊園地》の支店は「柳水亭」ないし「柳茶屋」を名のることもあった。

ケーブルカーの脇には、やや異色ながらも、八瀬からほど近い大原に発祥した「土井志ば漬」が茶店らしきものを出していたようだ。斜面をのぼりきったところに見える鳥居のかたわらの「いなり茶屋」も、その名のごとく茶店であろう。鳥居との中間に位置する「出雲屋」は、別の絵図では「瀧見茶屋」と記されており、新聞広告では「江戸前うなぎ」を掲げていた(13)。出雲屋といえば、昭和戦前期の京都で複数の店舗を展開していたうなぎ料理屋であることを考えると、瀧見茶屋は出雲屋の支店であった可能性もある。

　ふたたび河畔にもどると、「た古政」と「わらび餅」とがならぶ。字面からすれば、前者は「関東煮《かんとだき》」の店であろう。おでんをアテに一寸一杯、甘味で一服と、どちらも気軽に利用されたにちがいない。

　絵図の中心に位置するのが池畔の「平の家いもぼー」、すなわち《祇園円山》にある「いもぼう平野家」の支店である。京都ではなじみのある「いもぼう」も、一般的に知られている料理ではあるまい。

　発電所をはさんで「童子餅」と「秋岡写真」があり、そこから小道にそってすすむと、絵図では字がつぶれているけれども「達磨軒」（「おらがそば」なるものを名物とする食堂）、その奥に「杉の家」（うどん・そば）がみえる。

　水量は少ないながらも現在も瀧をなす「大瀧布」（初三郎は「龍王ケ滝」と書き入れている）を過ぎてゆくと、高台には「魚新」と「三軒家」とが立地する。前者は西陣にあった「魚新」に関係する店であろうか(14)。また「三軒家」と聞けば、「大堰川の北岸渡月橋の上方に旅館あり三軒屋《ママ》といふ古来名高し」という(15)、嵐山の桂川（保津川）左岸に位置した料理旅館が想起される。事実、ここも嵐山「三軒家」の支店であった。図幅の右端に位置する「志賀之家」は宴会向けの料理屋である。

このようにみてくると、《八瀬遊園地》の全体を一幅におさめる「涼味萬斛夏の八瀬」は、地図とは異なる表象の形式であるがゆえに、おそらく絵師は無意識裡に空間デザインのコンセプトを見事浮き彫りにしていることがわかる。右岸は、線路以南のレジャー空間、そして駅から若狭街道にかけての駅前商店街からなる区画型の開発地区だ。叡山のふもとという立地はともかく、景観要素だけをみるならば没場所的というほかはない。

左岸もまた、山裾の地形をたくみに利用して計画的に開発されている。電燈会社らしく発電所を設置しているところにほかの遊園地にはみられない特色があるのだが、このことはもうひとつの大きな意味をもった。発電に要する大量の水は高野川の上流部で取水され、標高にそった水路をつうじて導水されてくる。その一部は、斜面に築造された人工的な流路をめぐり、瀧をもなして、まるで回遊式庭園のような景観をつくりだした。「然も園内には鄙びた造りの料亭」までもが「点在」する。

京都電燈社史の原文には「点在せしめ」とあることから、料理屋の誘致と配置は計画的であったものとみてよい。実際、「『八瀬平八茶屋』は、大正14年、出町柳から八瀬まで電車が通じたときに、電車の要請で有名飲食店10数店とともに店をだし」たことにはじまるというので[16]、大澤善助が中心となって市内とその周辺の有名料理店を選抜し、誘致したものとおもわれる。

昭和十（一九三五）年に創刊された地元（京洛）のグルメ雑誌の誌名にならうならば、[17]《八瀬遊園地》はまさに〈洛味〉の楽園と呼ぶにふさわしい。ここ八瀬に、山裾の自然地形と景観をたくみに改変して広大な庭園にしたてあげ、「鄙びた造り」の料理屋まで配置した〈食〉のテーマパークが誕生した。

4 本書の構成

本書は〈食〉のテーマパークたる《八瀬遊園地》に集いし料理屋とその料理を出発点として、文化としての〈洛味〉を問いなおすものである。あらためて「涼味萬斛夏の八瀬」を左から見かえしつつ（図序-3）、各章で取り上げる料理（屋）文化を概観しておくことにしたい。

西塔橋の橋畔から少し上流部へはいったところに位置する平八茶屋。ここは八瀬名物の「竈風呂」を備えていたが（図序-4）、料理にはどのような特色があったのだろうか。ふたたび『不毛地帯』から引用してみよう。

…（略）…大原女姿をした仲居が、つき出しとお銚子を運んで来、「今日は何を作らして戴きまひょ、店の主人が、調理台でむずむずしてますんどっせ」と云った。

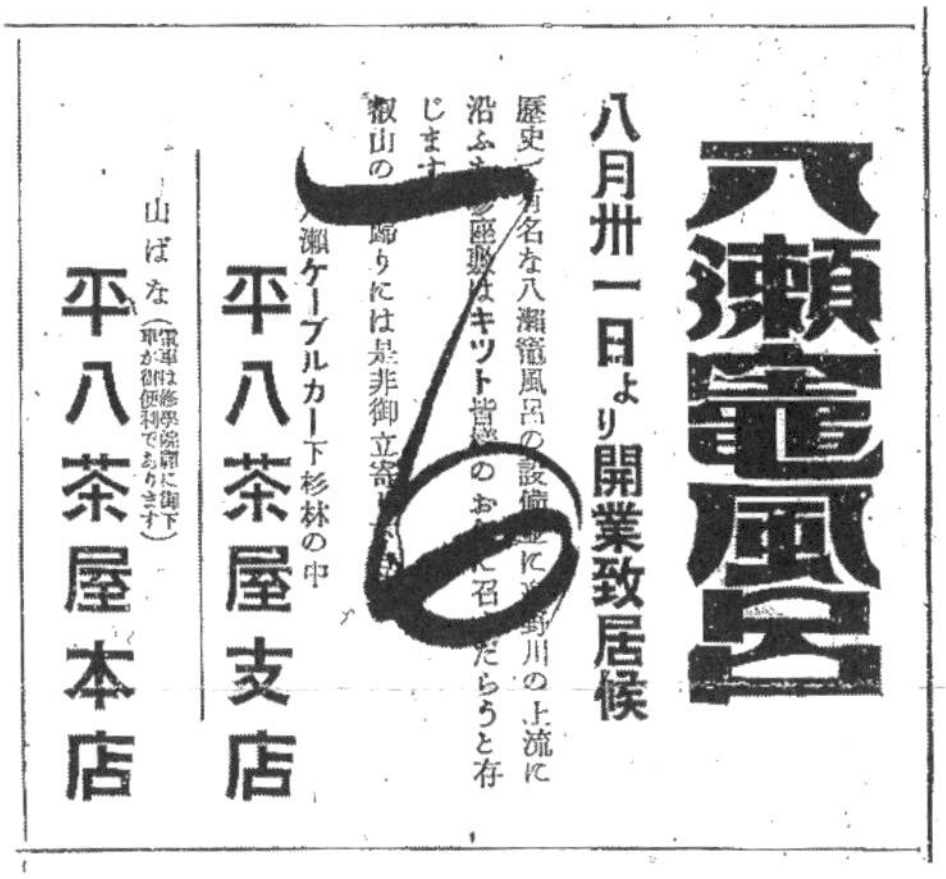

図序－4　平八茶屋支店の開店広告

「そうやな、鯉の洗いに鮎の塩焼き、若狭からなんぞおいしいものは入ってへんのか」

紀次は、美食家らしく聞いた。

「ちょうど、甘鯛のええのが入ったばかりどす[18]」

壹岐を招待した人物と店の仲居とのやりとりである。原文では「甘鯛」に「あまだい」と仮名がふられているが、京言葉の仲居は「ぐじ」と発音したはずだ。京都や大阪でつかわれる甘鯛の異称である。

若狭から一塩された甘鯛が運ばれてくると、ちょうど山端のあたりで塩が身になじんで食べごろになる。それに、「とろろ汁」と麦飯をつけて供したのが平八茶屋（本店）であった。壬生狂言の演目「山端とろろ」もここに由来する。

興味をひかれるのは、「交通の系統がすっかり変ってしまった今日、海の肴はほとんど使わず、もっぱら新鮮な川魚を供している」という紹介記事の一文である。[19]「先代あたりから川魚料理で知られるようになった」という『不毛地帯』の語りとも符合する。

本店・支店ともに若狭街道、そして高野川に面した立地条件を考えるならば、元来、海魚のみならず、川魚の料理も得意としていたにちがいない。事実、明治十（一八七七）年発行の『京都名所巡覧記』では、山端の項目に「割烹店《りやうりや》平八ハ麦飯薯蕷汁《とろゝじる》を鬻《ひさ》ぎ又鰻鱺《うなぎ》鯉鱧に至るまで好に応じ料理は殊に美味なり」とあるほか、昭和三年発行のガイドブック『大京都』において平八茶屋は「海川魚一般御料理」に分類されていた。[20]現在ではあまり聞きなれない「海川魚料理」こそ、近代京都の外食産業でもっともメジャーであったジャンルにほかならない（第2章）。

〈食道楽〉につうじたジャーナリスト、松崎天民《まつざきてんみん》（一八七八〜一九三四）に対して、後藤新平は「京都へ行つたら、新三浦の水だきよりも、あの大市のすつぽんを食べることだね」とすすめたという。[21]すっぽんは海魚でも川魚でもないが、第2章では大市にも言及することになるだろう。「口を極めて大市を推賞し」たという後藤が、わざわざ新三浦を引き合いに出したということは、食通のあいだでもその存在が知られていたのであろう。平八茶屋とは橋をはさんで下流側に位置するのが、その新三浦の支店である。新三浦が登録商標として掲げる「水だき」については、その源流をたずねて博多の旧遊廓《柳町》まで旅することになる（第4章）。

あくまで新聞広告のうえであるのだが、出雲屋の前身が「江戸前うなぎ」の瀧見茶屋であることについてはすでに述べた。「江戸前うなぎ」とは、東京湾周辺で捕獲される鰻というよりは、蒲焼の製法が江戸（東京）式であることを示すことばとおもわれる。京都における江戸焼き導入の経緯を追うと、またしても旧遊廓にたどり着く。第3章では、東京の旧根津遊廓へ歴史地理的な小旅行をしてみよう。

松本清張『球形の荒野』には、「せっかく来た京都だし、東京で食べられない物が欲しかった」と、若いヒロイン（久美子）の思案するシーンが描かれる。ある出来事もかさなり、「和食が食べたくなった」彼女は、「京都では、特殊な料理として『いもぼう』というのを聞いていた」ことを思い出し、ホテルのフロントで聞いた「円山公園の中にある」店へと向かう。「いもぼう平野家」の本店にほかならない。

女中もみんな京言葉だし、隣の部屋で話している男連中の訛がそれだ。こうして特色のある料理を食べながら土地の言葉を聞いていると、しみじみと旅に出たと思う。(22)

「特色のある料理を食べ」、「土地の言葉を聞いて」旅の味わいを実感する久美子。彼女の食した「いもぼう」については、このあとの第1章で取り上げる。

「涼味萬斛夏の八瀬」には店名が記されていないものの、見落とすことのできない支店がもうひとつ《八瀬遊園地》にある。柊家支店の東にかかる吊り橋をわたり、瀧の手前を左に折れると、横に長い建物がみえる。吉田初三郎の「比叡山名所遊覧交通鳥観図」では「洋食堂」と書き入れられていた。これは、京都洋食界の先駆をなした萬養軒の出張店「八瀬食堂」にほかならない。花街とも関わりのふかい洋食のひろがりを展望するのが第5章となる。終章では、料理の聖地（神社境内）を採訪する。そして、最近ひろった小話をひとつ紹介して、本書を閉じることとしたい。

注

（1）山崎豊子『不毛地帯　第三巻』新潮文庫、二〇〇九年、二二頁。
（2）柳田國男『秋風帖』創元社、一九四〇年（原著は一九〇九年）、一五四頁。
（3）大澤善助『回顧七十五年』京都日出新聞社印刷部、一九二九年、二三四―二三五頁。
（4）京都電燈株式会社編『京都電燈株式会社五十年史』京都電燈株式会社、一九三九年、一八九―一九二頁。
（5）前掲、京都電燈株式会社編『京都電燈株式会社五十年史』、一九〇頁。
（6）ここで近江側の交通網にはふれないものの、「叡山周遊」については別の機会に取り上げてみたい。
（7）西村善七郎編『大京都』大京都社、一九二八年、二二六頁。
（8）前掲、西村善七郎編『大京都』、二二六頁。
（9）前掲、『京都電燈株式会社五十年史』、一八九―一九〇頁。
（10）大正十四（一九二五）年十一月十日に初版が発行された谷北兼三郎編『八瀬大原の栞』（無竹庵、

一九二七年増補三版、一頁）には、「大正十四年九月廿七日電鐵の開通いらい、八瀬大原の風光を賞で、旧蹟を探るもの多く。日々多數の客を呑吐す。京都電燈會社又此に大遊園地を設け、着々その完成に近づきつつあり」とあるほか、「叡山ケーブル・ロープウェイ」のウェブサイトには、大正十四年十二月の事項に「遊園地」の「開設」が付記されている。「叡山ケーブル・ロープウェイ」(https://eizan.keifuku.co.jp/fun/history.php)、最終閲覧日二〇二一年十月六日。

（11）『京都日日新聞』（昭和四年六月二十七日、七月十一日）に掲載された。六月の掲載時には「深緑の八瀬遊園地」と題されている。以下、店舗の業種は『京都日日新聞』に掲載された広告をたよりに推定したものである。

（12）『京都日日新聞』大正十五年九月十三日。

（13）『京都日日新聞』昭和二年四月三日。

（14）日本電信電話公社近畿電気通信局編『京都市職業別電話番号簿』（日本電信電話公社近畿電気通信局、一九六三年、六二九頁）の広告には、西陣と八瀬の「魚新」がならんで掲載されている。

（15）風月庄左衛門『京都名勝写真帖』風月堂、一九一〇年。

（16）『京の味店案内決定版　京都　味の店506　全市版総集編』藤田出版、一九七九年、二九二頁。また、「実は御大典ごろ田中はん（京電社長）のお話しで是非八瀬に出店を出せといふことでした」という、当時、高台寺の前に店をかまえた文之助茶屋のあるじの語りもある（大阪毎日新聞社京都支局編『京都新百景』新時代社、一九三〇年、八六頁）。開園後も積極的な誘致がなされていたようだ。

（17）『洛味』創刊号、一九三五年。『洛味』はこのあとも本書で重要な資料として利用することになる。

（18）前掲、山崎豊子『不毛地帯　第三巻』、二五頁。

（19）臼井喜之介『京都味覚散歩』白川書院、一九六二年、一九二頁。

（20）福富正水『京都名所順覧記』村上勘兵衛、一八七七年、二十九-三十丁。前掲、西村善七郎編『大京都』、七四頁。

（21）松崎天民「京阪喰べある記」（『三都喰べある記』誠文堂、一九三二年）、一一一-一二八頁。引用は一二〇頁より。

（22）松本清張「球形の荒野」（『松本清張全集6　球形の荒野・死の枝』文藝春秋、一九九四年〔初出は一九六二年〕）、二一-二〇〇頁。引用は一五一、一五二頁より。

第1章　京に名物「いもぼう」あり

1　東京で食えないものを

（1）犯人と刑事の相席

松本清張の小説『顔』には、京都を舞台としてじつに印象的な場面が描かれている。主人公である犯人と、その犯人の顔をわからないままに捜査をつづける二人の刑事が、あろうことか食卓を同じくしてしまうのだ。

偽名を使って、自身の犯罪の目撃者を北九州の八幡から京都に呼び出す犯人。呼び出したその人物こそが犯人であると察知し、目撃者に付き添う刑事たち。後者からみれば、それと気づくことなく犯人と邂逅するまでの経緯を、清張はそれぞれの側から描く[1]。

目撃者と二人の刑事――。

刑事の一人が時計を出した。

「十二時になったぞ。そろそろ腹ごしらえをして駅に行こうか」

と彼はいった。

「そうしよう。同じめしを食うなら、名物の〝いもぼう〟とかいうやつを食べてみたい」

と一人が云った。

「いもぼうか。高かろうな」

「高うてもええ。刑事の出張旅費ではどうせアシ〔が出る〕にきまっとる。もう二度と京都へ来るか来んか分からんから、とにかく食べに行こう」

こんな話がまとまって、祇園裏の円山公園〔の傍〕にある料理屋に行った。

主人公である犯人――。

少し腹が空いた。何を食べようかと考えた。京都に来たのだから、東京で食えないものを食おうか。それでは、いもぼうにでもしようと思った。

電車を八坂神社の前で降りて、円山公園の方に上ってゆく。

「もう二度と京都へ来る」ことはないと考えた刑事、そしてわざわざ「京都に来たのだから、東京で食えないものを」と思いたった犯人。はからずも彼らが昼食に選んだのは、「いもぼう」であった。そして「円山公園にある料理屋」で相席することになる。

小説の設定は昭和三十年代前半。九州北部からやってきた者たちが「高かろう」と予想し、東京では食べることのできない京名物「いもぼう」とは、いかなる料理なのであろうか。

（2）いもと棒だらの「めおと炊き」

こころみに、本山荻舟《もとやまてきしゅう》（一八八一～一九五八）の大著『飲食事典』ならびに食関連もひろく収録する牧村史陽編『大阪ことば辞典』をひいてみたところ、どちらにも「いもぼう」の項目はなかった。[2] だが、近世の〈食〉に関して、ありとあらゆる事項を解説した『図説　江戸時代食生活事典』の「タラ　鱈」の項目には、「いもぼう」への言及もみられる。執筆者は、京都の文化史にもくわしい、すしをはじめとする〈食〉の歴史・民俗研究者の篠田《しのだ》統《おさむ》（一八九九～一九七八）である。

……〔略〕……京都の芋棒は有名で、水に漬けて軟らかくした干鱈を湯煮し、サトイモかヤツガシラとともに煮込んだうま煮である。これに用いる干鱈は、三枚におろし、塩を加えずに素干しした棒鱈なので、「芋棒」の名が付いた。[3]

「いもぼう」とは、いもと棒鱈をたき合わせた料理のことで、漢字で書けば「芋棒」となる。「京都の芋棒は有名」とあるので、京都固有のようだ。

大正生まれの三人の女性による京都の「おばんざい」論には、季節と慣習をからめて、簡潔にわかりやすく「いもぼう」が取り上げられている。九月の章の冒頭に置かれた、ふたつの文を引用してみたい。

◎お朔日《ついたち》――毎月、お朔日には〝にしんこぶ〟を炊く。渋味のある身欠きにしんと刻みこぶで、この月も、渋う、こぶう暮らしまひょ。

◎十五日――いもぼう。えびいもとぼうだらをめおと炊きにする。けれど、家庭では、ふつうのこいも。(4)

「お朔日は月のはじめの日」であるがゆえに、「食物まで折り目正しく改まる」。

月のなかば十五日もやっぱりお朔日とおんなじように、改まる日である。そやから、お昼にはあかご飯（あずきご飯）を炊いて、こいもと棒だらとをめおと炊きにしたいもぼうと、おなますをつける。

……〔略〕……

家で炊くいもぼうのこいもは、料理屋さんのように、えびいもではのうて、ふつうの里芋である。(5)

「もともと、芋と棒鱈を煮いて食べるというのは、京都の町家の古い風習で、一日、十五日にはほとんど決まったように行われたものであった」という語りもあるので、[6]「改まる日」にはつきものの家庭料理であったようだ。いつしか十五日だけの慣習となったらしい。

すると、京都では家庭料理としてなじみのある「いもぼう」を、清張は『顔』の登場人物たちに「祇園裏の円山公園にある料理屋」までわざわざ食べに行かせていたことになる。

公園（円山公園）の中央に、有名な、いもぼうの「平野家」がある。平野家という名を知らずとも「いもぼう」だけで通っている。

いもぼうというのは、ここの名物の「芋と棒だら」のつまったもので、京の家では、昔から一日と十五日には、赤飯（小豆飯）に芋ぼうを必ず煮てたべる習慣があった。鮮魚に乏しい京都での料理の工夫というべきだろう。[7]

これは、本書を執筆するにあたりもっとも影響をうけた京都の〈食〉をめぐるガイドブック、臼井喜之介『京都味覚散歩』からの引用である。店の名を知らずとも、名物の「いもぼう」だけでとおる料理屋、それが円山公園の平野家だ。

2　お多福豆の平野家

（1）《真葛ケ原》の菊圃

平野家は明治期以降の京都案内書に必ずといってよいほど掲載される、著名な料理屋である。明治十年代の案内書には、「精進料理」の項目に「八阪神社北林　平野家」や「祇園真葛原　平野屋」とある。(8)「北林」とは、八坂神社と知恩院道のあいだに位置する、いまも料理屋のつらなる東西の一画にほかならない。他方、「真葛原《まくずがはら》」とは、現在の円山公園から高台寺境内の北縁にあたる菊渓（谷）川までの一帯を指し、江戸期以来の風流な遊楽地であった。

興味がもたれるのは、「祇園真葛原　平野屋」を「精進料理」として掲載した『京都名所案内図会』（一八八七年）では、「席貸料理」の項目にも、

円山　也阿弥　正阿弥　左阿弥
真葛原　牡丹園
円山　藤の棚
円山　平野家

と「平野家」をあげている点である。[9] 円山安養寺の塔頭であった也阿弥と左阿弥、そして旧花街《東三本木》の月波楼などと併記されていることからしても、当時、平野家は席貸を兼ねる料理屋であったのかもしれない。[10]

明治十六（一八八三）年発行の商工業案内書である『都の魁』にも、平野家が掲載されている（図1-1）。遠景の山並みには、右（南）から「清水」、「大谷」、「将軍塚」、「温泉」、「知恩院」の文字が配されていることから、北西低空からの鳥瞰図といえるだろう。中央部に大きく描かれるのが、大広間のある二階建ての建物を有する「平の家」の広大な敷地である。いささか誇張に過ぎるとはいえ、これが明治前期平野家の全貌とみてよい。

建物の巨大さを措くとするならば、この絵図ですぐに目をひくのは「御料理」のとなりにある異様なまでに大きい「菊圃」という文字である。次に引用する『京都名所案内』（一八九三年）の記述から、その意味を知ることができる。

八坂神社を東に出づれバ圓山道にして此間に垂枝櫻の大樹あり〔○〕春花の候満開すれバ爛漫として行人を留む〔○〕夜間其下に篝火を點ずれバ白雲の天外に横するが如く実に艶麗なし〔○〕之を祇園の夜櫻といふ〔○〕又圓山道の左右を真葛原と云ひ古来詞客の観月に吟詠せ

図1－1　明治前期の平野家

る処なり〔○〕右に平野屋なる料理店あり〔○〕菊圃とも云ひ秋気にハ多くの菊花を庭に列す〔○〕其東に櫻林あり〔○〕左にハ牡丹園なり〔○〕初夏の候に牡丹花を見るべし〔○〕其東ハ圓山総門とす(11)

なるほど、平野家は「菊圃」（きくほ・きくばたけ）とも呼ばれる料理屋で、秋になると庭に菊花をならべていたのだ。そういわれてみると、たしかに図1－1の庭への入り口には「菊圃」という文字（看板）がみえ、庭には日除けが張られている。花壇に咲き誇る自慢の菊花を客に観賞させるスペースなのであった(12)。

当時の平野家は、八坂神社から東の「圓《まる》山《やま》総門」へのびる「圓山道」に面して立地していた。(13)『都の魁』の絵図に描かれた手前の道路が「圓山道」であろう。位置関係からすると、「洛東　丸山ふもと　平の家」の背後にある枝垂れの樹木は、いわゆる「祇園しだれ桜」かもしれない。

　では、明治期の平野家では、どのような料理が供されていたのであろうか。ジャーナリストにして小説家でもある國木田《くにきだ》獨歩《どっぽ》（一八七一～一九〇八）の紹介記事「平野家の芋棒」を参照してみたい。

　尚ほ當地名代にして廉價なる料理を批評すれば、圓山公園の平野屋の支店に御坐候、右は廉店《やすみせ》なれども、一寸立寄りても品格の悪くなき場所柄に成り居候、春晩なれば豆飯、秋季ならば栗飯、是に「梅椀」と稱へ、はんぺん、湯葉、椎茸等の四五品を盛りたる椀盛の類一つ、及び「餡かけ豆腐」（但し小椀）及芋棒一皿（鹽鱈を成るべく軟にして八つ頭の芋と共に甘煮になせるもの）にて一食僅に廿五銭なり、其價に比すれば頗る價打ありとて大に繁昌す

　右品々の中にて當地人に最も賞美さるゝは、芋棒の芋なり、非常に大なるものを用ひれども、其軟かなることと、又た味の佳《よ》きこと、他に類なし、但し下戸《げこ》向きにて上戸口には不可ならん、芋棒と稱するは棒鱈と芋とを略稱せるものなり

　此家には有名なるお多福豆もあり則ち蠶豆《そらまめ》の形を崩さず、其儘に甘味として、きんとんの代りに用ふべきものなり、氣候寒き節は東京土産に持歸る人も少からず、此豆は二十五銭以

外の注文とす(14)

「平野家の芋棒《いもぼう》」は京都の名代にして廉価なる料理であったという。獨歩の味評価はすこぶる高いのだが、「下戸向きにて上戸口には不可ならん」と指摘することも彼は忘れなかった（わたしたち筆者も同感である）。冒頭、平野家ではなく「支店」とあることについては後述しよう。

ここで注目しておきたいのは、最後の一段落にある、東京に土産として持ち帰られるという人気の一品「お多福豆」である。図1‐1の左下には、たしかに「丸山名物　おたふく豆」とあった。この絵で不思議なのは、暖簾に「平の家」や行燈に「御料理」とあるものの、「芋棒」という文字を読み取ることができない点だ。そのかわりに「おたふく豆」が「名物」として大書きされているのである。「いもぼう」と「おたふく豆」とは、平野家の二枚看板だったのではないだろうか。

事実、東京店の主人である本田徳次郎が女性誌上で「京都料理の特色」を解説した際、「芋棒といひますのは、海老芋と棒鱈とを煮たものですが…（略）…是は平野屋の家伝料理として京都では人に知られて居ります」とし、つづけて「お多福豆も平野屋の家伝料理で、豆は蠶豆を用ひます」と述べている(15)。

「『いもぼう』だけで通っている」と指摘される京都の本家「平野家」と関わっても、「おたふく豆」への言及は多い。たとえば、郷土史家の田中緑紅《たなかりょっこう》（一八九一～一九六九）は、「〔鉱泉の〕下に牡丹畑があり、畑があり、お多福豆がよく出来た」[16]と、円山公園の前史たる真葛ケ原が畑地であったことを指摘する。菊圃と同様、席貸料理として書き上げられた「牡丹園」も、あるいは牡丹を観賞することのできる料理屋だったのかもしれない。さきほどの本田徳次郎も、「此豆は以前圓山で産したものですが、東山一帯が余り開け過ぎて、豆など植ゑる地面がなくなりましたので、今では摂津住吉付近の字尼といふ地方で出来るのを求めて」いると述べていた[17]。

　今からかぞえてもう三十年もの昔、私の幼いころ、ここでソラ豆をベッコウ色に煮た実にうまい煮豆があって、古い記憶ながら、その色やかたちや、おいしかったことが忘れられない。あるじの北村藤之助さんにお目にかかった時、その話をしたら、
「あのベッコウ豆は、煮てみたいと思っています。しかし第一に、昔のような豆があるかどうかが問題ですし、それに御家庭とちがって、ひと釜を煮るとなると、相当の量となりますし、冬でも、あまり永もちはしないのですから、残るともったいないので、いまだに手をつけていません」
　と言われたが、何とかしても一度あの煮豆を食べさせて下さいと、ここでお願いしておく[18]。

　これは大阪生まれの食通評論家として知られた大久保《おおくぼ》恒次《つねじ》（一八九七〜一九八三）の回想と要望である。残念ながら、「お多福豆」が復活することはなかったようだ。

（2）家庭料理と一子相伝

> 「いもぼう」と言ふのは、海老芋と棒鱈とを煮込んだ家庭料理に過ぎないといつてしまへばそれまでだが、そのお惣菜同様な家庭料理に人が集まるのは、ここで使われてゐる芋と棒鱈の質のよさにもあるのだらうが、その煮込み方にコツがあるからなのである。しかしそのコツといつても、難しいやうで難しいものではなく、言はば親切に手をかけたやり方が、誰にでも親しみを感じさせるのであらう[19]。

「いもぼう」とは、「海老芋と棒鱈とを煮込んだ家庭料理に過ぎない」——それでもなお、京都内外の食通たちは平野家のいもぼうに惹かれてやまない。

ここで、昭和初年に当主となった北村藤之助（一八九二〜没年不詳）による「いもぼうの解説」に耳をかたむけてみよう。昭和の御大礼をひかえた昭和三（一九二八）年発行の「京名物いもぼう平野家を中心とせる東山から叡山への行楽御案内[20]」には、平野家といもぼうの来し方が丁寧に説明されている。みずから「京名物」と喧伝するだけに店の広告色が強いものの、資料的な価値もあるとおもわれるので、できるかぎり原文を引用することにしたい。

> 京名物としていもぼう料理が歓迎されますのは、弊店の暖簾が古いからでもなく、値段が

安いからでもなく、又いもぼうに付いての古事来歴があるからでもありませぬ。要は其味一つに集中されておるのであります。料理は物本来の質を失はしめざるところに巧拙があると同時に、素質美味ならざるものを美味ならしめて提供するこそ料理法の最も叶つたものであらうと思はれるのであります。

いもぼう、別けて棒鱈は、智恵の足らざるものをボーダラ（京都にて用ふる言葉）と罵る如く、本来の質は鯛、鱧の如き美味なるものでなく、殆ど無味淡泊であり、調味よろしきを得ねば其味ひの出るものではないのであります。この棒鱈に芋を合し、独特の調味法を用ひて鯛にも勝る利口物に仕上げて皆様の前に供へる、そこに京名物の価値が生れるのであります。

芋一度舌に載ればとろけるが如く、棒だら口に入れば柔らかく得も云はれざる風味あり、しかも京都の土地に相応しき調味法云々の辞は、往昔《むかし》より食通の弊店礼讃の声であります。之れが実否を皆様に味はつて頂きたい、而して祖先の苦心の存するところを知つて頂くと同時に、京名物として価値並に全国名物との対照、批判をして頂きたいのであります。

いもぼうが名物と認められているのは、歴史や暖簾ではなく、「味」そのものによるのであって、「美味ならざるものを美味ならしめて提供する」ことこそが料理の神髄であると、先祖を崇敬しつつ料理屋としての矜持が語られている。

次いで、新鮮な海魚を得にくい京都にあっては、古来、塩干魚が重宝されてきたこと、なかでも棒鱈と芋のたき合わせは「京都唯一の馳走肴として喜ばれ」てきたことが説かれる。いもぼうは「山海の珍味」にして「夫婦和合の縁起」とまで認められるようになり、元旦はもちろん、毎月一日と十五日にたき合わす「伝統的風習」が、少なくとも昭和戦前期まで受け継がれてきた。嫁が「いもぼうを見事に煮き上ぐる事によつて姑に気に入られた」ともいう。

いもぼう平野家の誕生は、こうした京都の地理歴史的なコンテクストに、ある偶然がかさなることによってもたらされた。

弊家の祖先は平野権太夫と申しまして、安永年間粟田青蓮院宮に仕へ、御料菊圃《きくほ》栽培を預り、傍ら蔬菜を作りまして御所の御用を承つておつたのであります。しかも名代の食通として食物に対する造詣深く、殊に其栽培法に至つては古今独歩と評されたのであります。

或年、青蓮院の宮九州長崎より芋種子を持かへられ、これを祖先に作らしめられたのが将に地味に適したものでして、古今無類の良質大粒のものが生れたのであります。宮様の御感斜めならず、之れを海老芋と名付けられて大いに賞味あらせられました。之れが現在の名芋海老芋の起源であります。この良質の芋に合はするに棒だらとは京都故に直《すぐ》に連想さるゝ事であり、京都故に研究さる事又勿論で、食通であり研究家である祖先の煮方に対する苦心の所以《ゆえん》も亦当然であります。煮ればとて硬き棒だらと、煮れば直に柔かくなる羽二重肌の芋との硬軟を等分にして、味覚相通じさせる事は最も至難なる調味法であります。

平野家の開祖は、安永年間（一七七二〜一七八一）に青蓮院宮につかえた平野権太夫である。「菊圃」の管理、御所に献上する「蔬菜《そさい》」の栽培にたけており、食通としても知られていた。その権太夫に、遠く九州は長崎から種いもがもたらされたのである。不思議とこれが真葛ケ原の地味にぴたりとあった。反り返ったような形状がエビに似ているからともいわれる「海老芋」の誕生である。たしかに、「良質の芋に合はするに棒だらとは京都故に直《すぐ》に連想さるゝ事」であったろう。調理上の「至難」を乗り越えた権太夫は、青蓮院宮から「平野家」の商号を認められて、料理業を興したのだった。

おかげを以ちまして今やいもぼうの名は全国津々浦々にいたるまで知つて頂く様になり、一度京都に足を入れた御方は必らず楽園円山を訪《と》はれ、円山を訪へば必らずいもぼうをお味ひに成る、これは遊覧客の不文律と云つてよい位になつてゐるのであります。

京都に通ずる昭和三十年代のグルマンたちは、一様に平野家のいもぼうを愛していたのだが、それは「この『いもぼう』という料理は決して珍しい料理というものではなく、むしろ平凡な料理で」(21)、あるいは「平野家の芋棒は、お正月でなくても上方の家庭の総菜料理で、玄人の作るいわゆるお料理ではない」(22)という点を認識したうえでのことであった。「どこの家でも作る惣菜なのだから、平野家のが特にうまくなくては客をよぶことができない」し、「ほかの料理とちがって種も仕掛もなくて、正真正味の値打を買われるわけで、ごまかしがきかない」以上[23]、平野権太夫のうみだした「海老芋」とその調理法をベースに、一般家庭とは一味ちがう「いもぼう」を提供しつづけなければならない[24]。

「其調味法は一子相伝といたしまして、茲に百七拾年、一意本業に精進して参りました」。一子相伝、すなわち門外不出どころか我が子のうちでも一人にしか伝承されない「いもぼう」の京名物たるゆえんであろうか。

3　系譜と場所

(1)　電話番号155のゆくえ

この場所になるまで度々この近くの地を転々としたという…〔略〕…[25]。

場所は公園の中で度々変わつてゐるやうだが、今のところへ落着いてからでも、既に久しいものであらう[26]。

現在、円山公園には「いもぼう平野家本店」と「いもぼう平野家本家」とがある[27]。明治・大正・昭和戦前期をつうじて平野家は複数の店舗を展開するのだが、ここではその主たる舞台となった《祇園円山》を中心に立地を跡づけてみたい。店舗と立地の系譜を追跡するにあたり手がかりとするのは、商工業者の名簿である『商工人名録』や広告に記載された電話番号である。

まず、明治三十八（一九〇五）年には「円山町　平野家　北村粂蔵」（電話番号155）と「円山町　芋棒　北村粂蔵支店」（電話番号なし）とが併記された(28)。少なくともこの段階で、本店にあたる平野家と「芋棒」を商号とする支店とが「円山」で営業していたわけだ。

次いで、明治四十年になると「祇園鳥居前　旅宿　平野屋　北村粂蔵」（電話番号155）ならびに「祇園円山町　芋棒　北村粂蔵支店」（電話番号なし）と記載される(29)。じつのところ、也阿弥をはじめ円山公園内とその周辺の旅館・飲食店は、明治期をつうじて相次いで焼失しているのだが、平野家もまた明治三十九（一九〇六）年四月七日、枝垂桜を一目みんと集まった群衆でにぎわうさなか、客の煙草の不始末によって全焼していた(30)。

明治三十九年に焼失したのは本店ということになるだろう。明治四十年に「祇園鳥居前　旅宿　平野家　北村粂蔵」が新たに登場した一方で、旧来の支店は残したままなのだから、本店が円山公園の外へ移動したものとみなさなくてはならない。事実、電話番号155も引き継がれている。

この点と関わって、ここに興味ぶかい指摘がひとつある。

> 下河原の神幸道に近く平野家があったことは、余り知る人は尠ないと思ふ。ここでは円山の

芋棒とは別に料理屋を開いてゐて、鳥居前の中村樓と共に一時賑はったものである。[31]

八坂神社境内に南面する神幸道に近く、「祇園鳥居前」という所在地をふまえるならば、鳥居を出てすぐの下河原通北端に位置したものとみてよい。事実、「芋棒とお多福の名物なる平野屋は鳥居前の角にて一昨年丸山を焼出されて栂尾の跡を引受けて自慢の菊を植へながら繁昌なし居れり」と説明されている。[32] 明治前期の代表的な料理屋のひとつ「栂の尾」の建物を継いだわけだ。

重要なのは、ここでも本店たる平野家は「芋棒」を名代ないし商号には使用していない料理屋であったということだ。思い出してほしい――「當地名代にして廉價なる料理」として國木田獨歩が紹介したのは、「圓山公園の平野屋の支店」であったことを。獨歩は支店で「芋棒」を賞味していた。

すると、ここにひとつの仮説が成立する。平野権太夫にはじまる平野家は、必ずしもいもぼうに特化した料理屋ではなかったという仮説である。いもぼうも供したであろうが、その他の料理もあつかっていたにちがいない。それが明治期後半になると、いもぼうを看板にかかげた専門店を支店としてだしたのである。

大正四（一九一五）年には、

祇園円山　　芋　棒　　北村嘉一郎（電話番号１６０３）

祇園円山　　平野家　　　北村粂造　（電話番号　155）
祇園町南側　平野家支店　北村テル　（電話番号2770）

と、ひきつづき「芋棒」と「平野家」とが並置されるなかで、祇園町南側に別の支店もあらわれた。[33]本店は八坂神社の鳥居前から《祇園円山》に復帰していたものとおもわれる。祇園町南側支店の所在地表記は「祇園町花見小路」を経て、大正十三年には「四条大和大路東　芋棒　平野屋《ママ》支店　北村藤之助」となる。[34]ここに名の登場した藤之助はすぐに頭角をあらわし、のちに吉田山の山蔭神社創建に関わるなど（本書終章を参照）、京都料理界の顔となる人物にほかならない。[35]

年は前後するが、大正九年、円山公園内に立地するふたつの平野家に注目すべき動きがあった。電話番号155の契約者が北村嘉一郎に、同じく1603が北村粂蔵に変わったのである。これは契約者の変更というよりも、本店‐支店間の経営者の交替とみるべきであろう。大正十三年になると155は登載されず、1603の契約者がふたたび嘉一郎に変わる。

そして大正十五年、同じ円山公園内にあって本店たる平野家（155）を嘉一郎が、「芋棒」の平野家を藤之助が経営する体制へと移行した。その後、本店は厄災にみまわれて昭和三年にふたたび焼失する。[36]翌昭和四年八月十五日、藤之助は公園内の藤の棚に「會席料理　平野家別邸」を新たに開業したのだった（図1‐2）。

平野家の再出発を記念するかのように発行された広告「東山名所圖繪」（「京都円山公園　名物い

図1－2　平野家別邸の開店広告

もぼう本舗　平野家版」）には、「円山公園知恩院南門前いもぼう　平野家老舗」とならんで「円山公園　平野家別邸」も掲載されている。興味をひかれるのは、電話番号と絵図上の「別邸」の表記である。知恩院前の老舗には1603と1604が、別邸には従来の155にくわえて、2770までもが併記されている。つまり、四条通の支店――後述する「平野家食堂」――の経営からは手を引き、電話番号を別邸に移したわけだ。しかも絵図上で別邸は「東店」と記されている（図1－3・図1－4）。

　これらの意味するところは明確であろう。端的に言えば、「いもぼう平野家」の誕生である。料理屋としての平野家から「いもぼう」へと、本店の位置づけが変わったのだ。「ここの『いもぼう』は、京都の名物として随分古くから売り込んでゐる」[37]という語りもあるが、以上にみてきた平野家の来歴からわかるのは、この本店の異動を機に、「いもぼう」を大看板とする

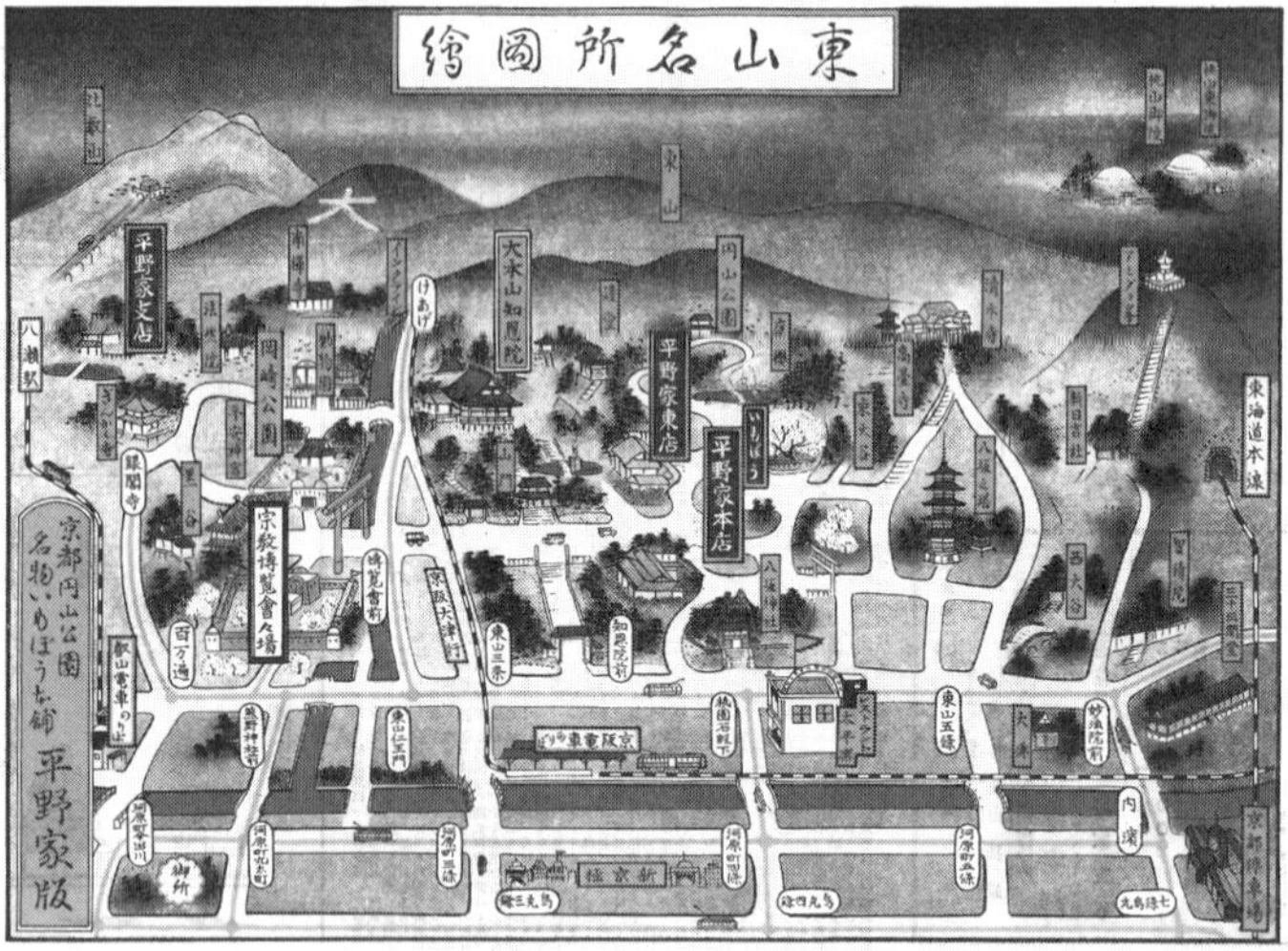

図1－3　図絵に描かれた平野家「東店」

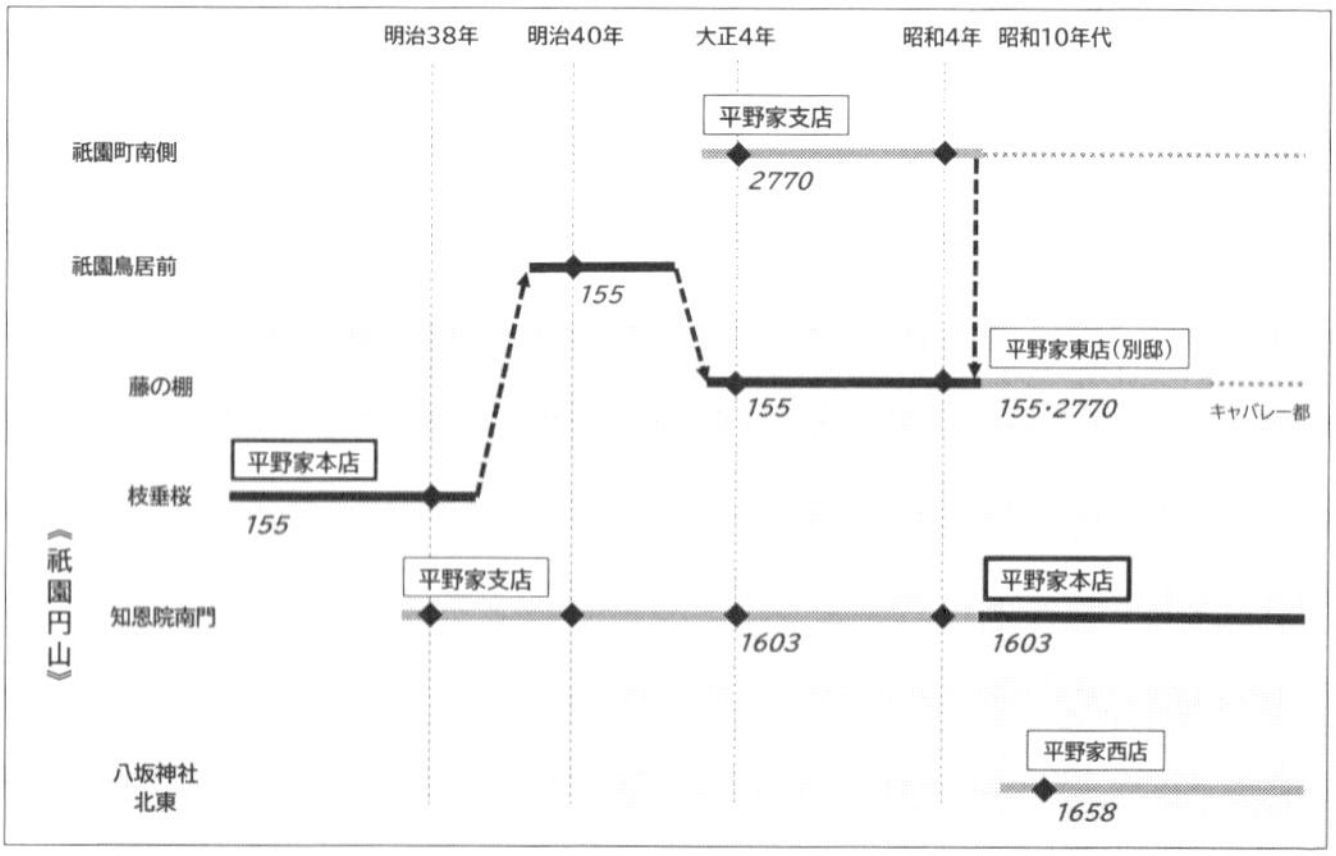

図1－4　電話番号の系図

ようになったということだ。「京名物いもぼう」は、少なくともことばのうえでは、北村藤之助の手によってうみだされたといっても過言ではあるまい。

「東山名所圖繪」の店舗紹介には、それぞれのメニゥが記されている。

京名物　いもぼう
いもぼう、梅わん、祇園豆腐、御飯、香の物付
御一客　金九拾錢
京・圓山公園知恩院南門前
平野家老舗
洛北八瀬遊園地　平野家支亭

〜〜〜〜〜〜〜〜〜〜〜〜〜〜

會席御料理
雪　御一客　一・五〇
月　二・〇〇
花　二・五〇
祇園辨當（吸物付）　・八〇
京・圓山公園

提供する料理においては、焼失する前の本店の役割を別邸が引き継いだことがはっきりとわかる（図1－5）。

藤の棚では、月・雪・花の料理を出し、百畳敷の大広間の宴会では若嫁のきみさんが中央の大嶋台に盛られた鯛や海老の見事な活づくりを客の皿にとり分けた。照明が消され、きみさんにだけ光が当てられた。時代の尖端をゆく演出、きみさんの花形ぶりも偲ばれる。(38)

これは、明治の末年に藤之助に嫁いだ、北村きみへの聞き書きから引用したものである。新本店の「平野家老舗」と同様、新築された「平野家別邸」の経営にも、相当の力を入れていたことがうかがわれる。

こうして、電話番号155は「東店」たる「別邸」に定着する一方で、昭和十年代なかばには「西店」も開業した（図1－6）。八坂神社東の鳥居の近傍である。本店からみても目と鼻の先にあたるのだが、この小さな地理的差異が明暗をわけた。西店はわずかながらも八坂神社の社殿に近いがために、戦時中に「強制疎開」の対象となったのである。戦後、昭和三十二（一九五七）年になってようやく「平野家茶寮」として再開し(39)、のちに「平野家西店」の名にもどる。これが

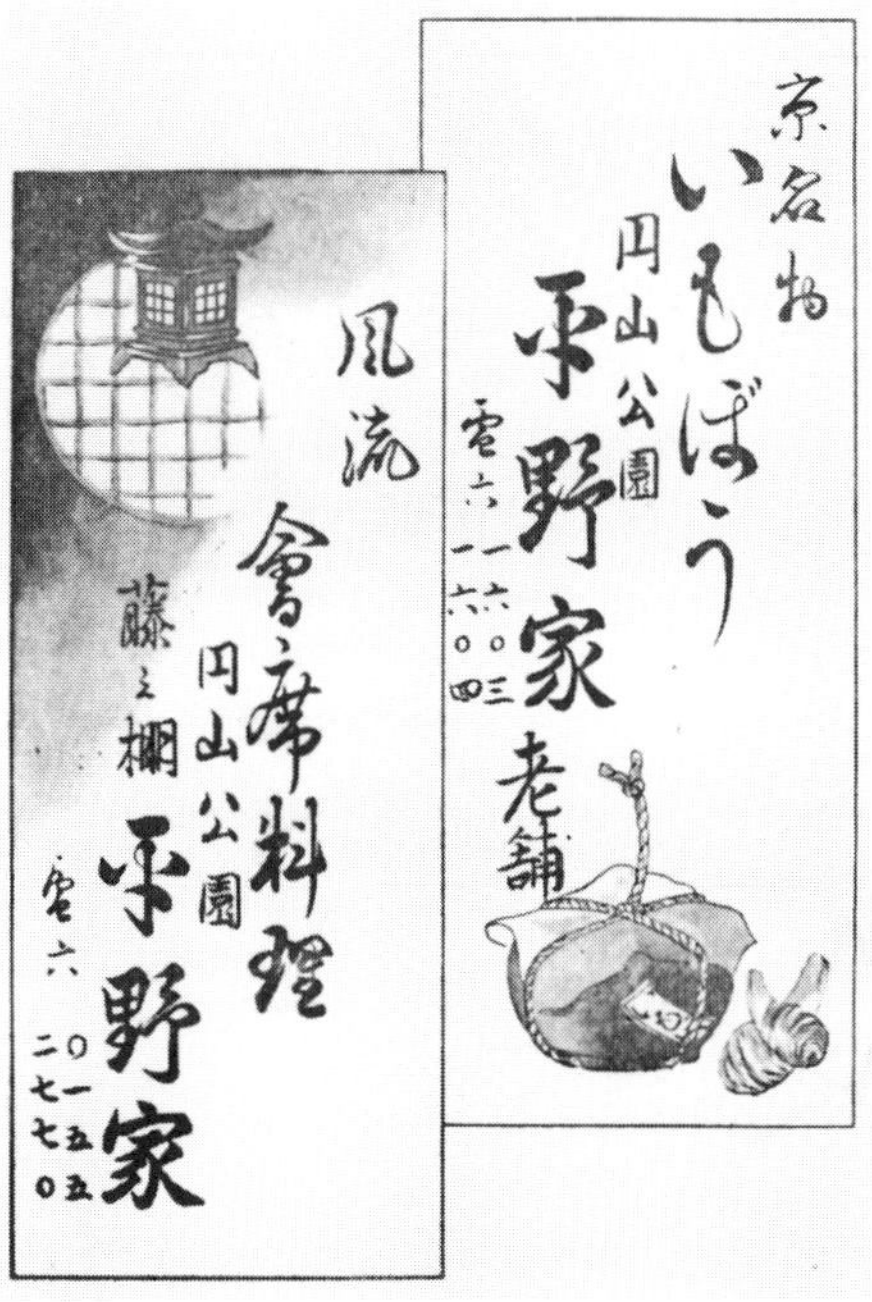

図1－5　「いもぼう」と「会席料理」の平野家

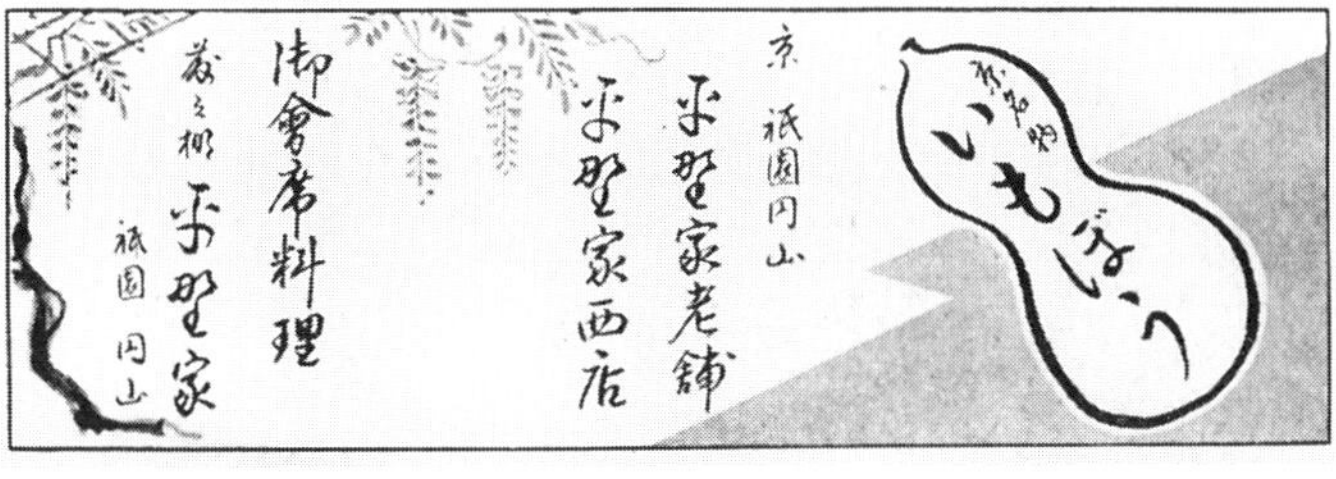

図1－6　《祇園円山》の平野家三店

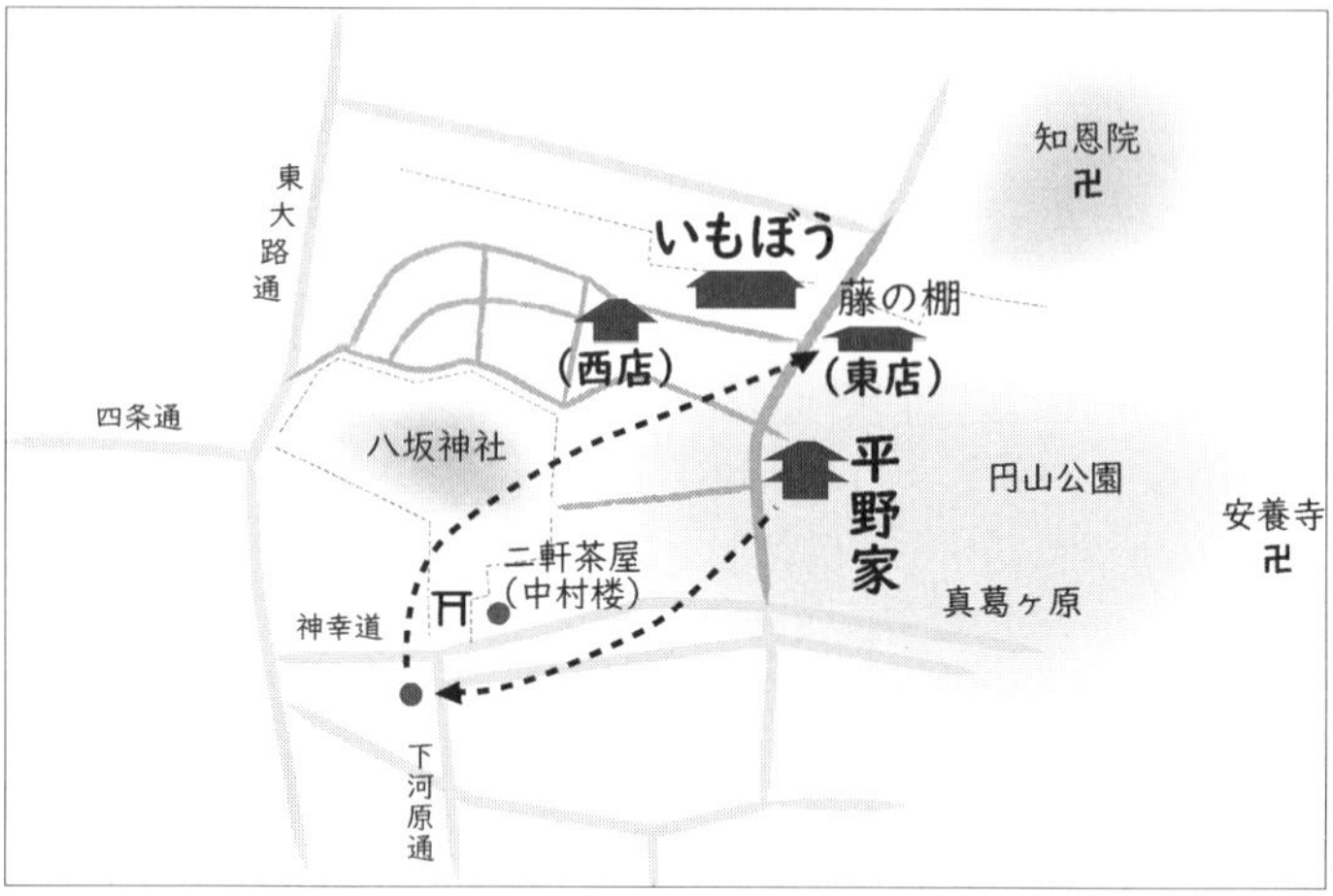

図１－７　《祇園円山》における平野家各店の立地

現在の「いもぼう平野家本家」にほかならない（図１－７）。

他方、藤の棚の別邸（東店）も数奇な運命をたどる。すなわち、「戦後はＧＨＱの接収に遭い、ダンスホールとして使用されていたという」のだが、「またもや失火に見舞われ」るのだ(40)。ある一枚の広告をみてみよう（図１－８）。これだけでは、なんのことかわからないかもしれない。だが、「キャバレー都」の所在地（藤ノ棚）と電話番号（１５５）をみるとどうであろうか……。

《祇園円山》の由緒ある電話番号１５５は、ここに終幕をむかえるのだった。

（２）吉田初三郎の忖度

「京名物いもぼう平野家を中心とせる東山から叡山への行楽御案内」は、吉田初三郎の

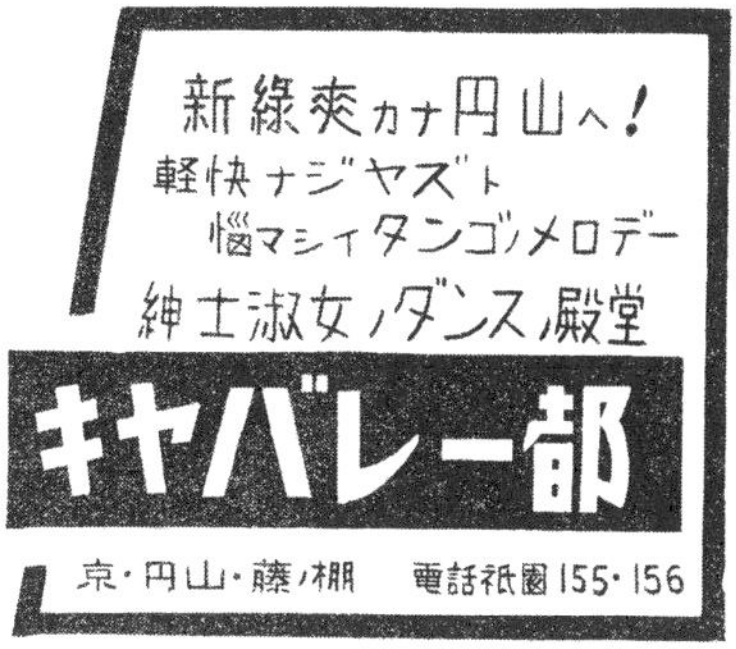
新緑爽カナ円山へ！
軽快ナジヤズト
悩マシイタンゴノメロデー
紳士淑女ノダンス殿堂
キヤバレー都
京・円山・藤ノ棚　電話祇園155・156

図1－8　「キヤバレー都」の広告

鳥瞰図をメインにした刷り物である。円山公園の平野家本店を中心に、西から東山方面が鳥の目で描かれる。どっしりとした細長い建物の平野家本店は鳥瞰図のど真ん中に配され（図1－9）、「将軍塚」や「知恩院」といった東山の名所が点在する。山の緑と満開の桜が春の陽気を横溢させている。

図幅の左方にあるのが、桜花咲き誇る「八瀬遊園地」だ（図1－10）。中央には、茅葺屋根のひときわ大きな農家風建築。となりにある壁のない建物の内部には、緋毛氈の床几。池に張り出した座敷の屋根には、右から「いもぼう」と書かれた大きな看板。これが八瀬遊園地内の「いもぼう平野家支店」にほかならない（本書序章も参照）。

図幅の右方にもどると、「祇園八坂神社」の前にこれまた目をひく白い近代建築が聳え立つ。石段下の祇園町南側、平野家支店「平野家食堂」だ。「京名物いもぼう平野家を中心とせる東山から叡山への行楽御案内」では、この食堂の特徴が以下のように宣伝されていた。

描く平野家の本店・支店（平野家食堂）

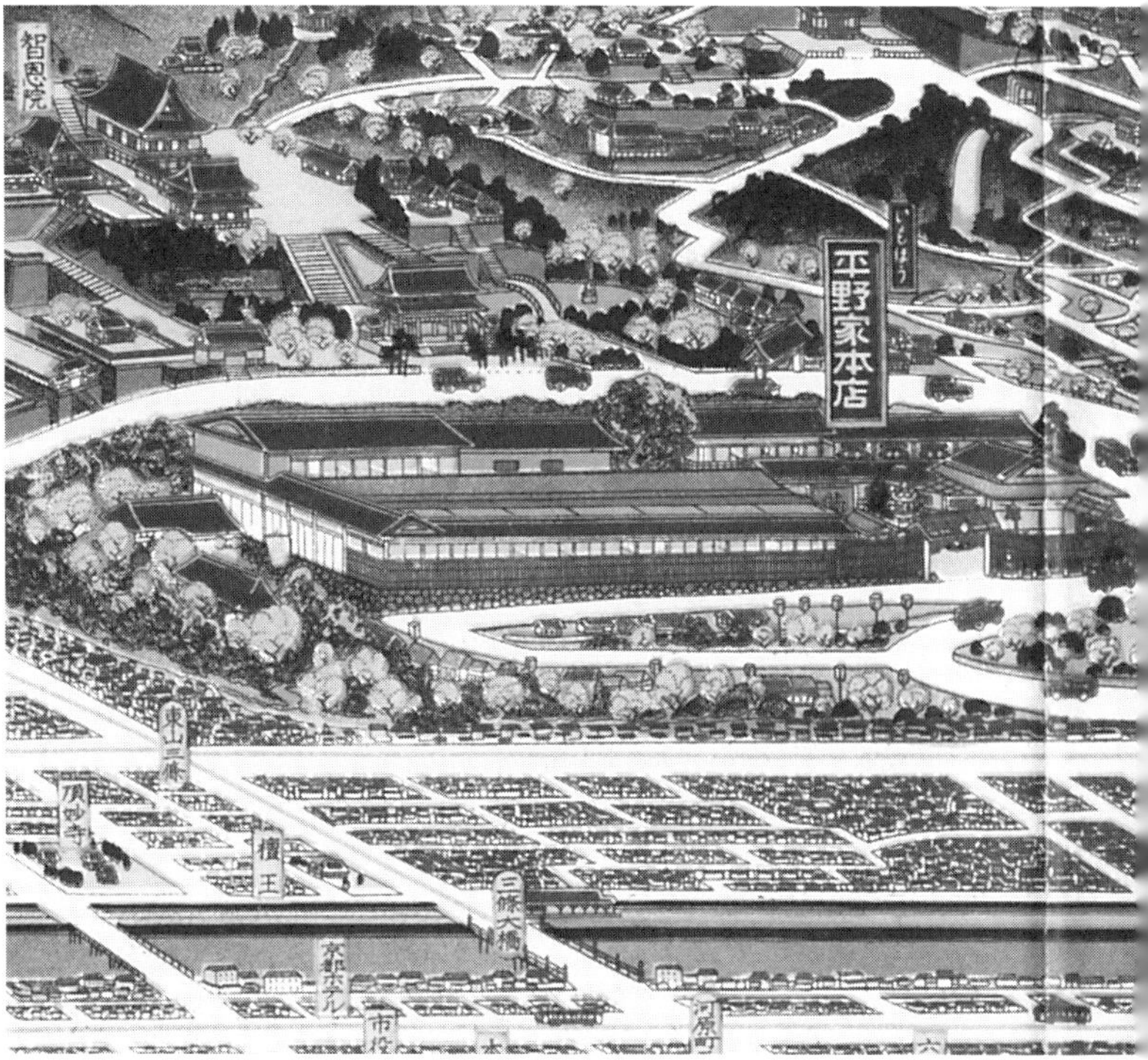

図１－９　吉田初三郎の

図1-10　吉田初三郎の描く平野家の支店（八瀬遊園地）

◆軽便と衛生経済を主とした現代人に相応しい食堂、夫れは私共の食堂でなくして皆様の食堂で御座います。
◆建築は純洋風でありますが内部設備は日本料理に合致する様和洋を採長補短した理想的な折衷であります。
◆屋上露台は大京都を一眸《いちぼう》に収め東山の眺望殊更で御座います。
◆階上食堂は食卓毎に電気ランプを備へすでにふうわりとした温い家庭的情味を漂はせる様にいたしております。
◆御料理は申すまでもありませぬ〔○〕季節に応じて最もお気に召しますものを苦心して差し上げております。

くわえて「平野家食堂外観」として、

丹碧燦然たる祇園の八坂の楼門——其の石段からま一文字にのぞんだ四條大坊のすぐ左側に、屹然として聳え立つ近世佛蘭西型の瀟洒な一構こそ、モダーン京都の一面を代表しつゝも、静かに落ちついた家庭的気品をつゝむ我が平野家食堂——東山颪《おろ》しに其の旗風が高くはためく。

という叙景もなされていた。
初三郎自身もまた「繪に添へて一筆」と題して、

　金箔が静かに舞ひおりて来るやうな圓山の本店に対して、四條の平野家食堂は、とても明るい、近代京都の一面を其のままに反映したモダーンぶりではあるが、遉《さすが》に何処かに偲ばれる老舗の品位といつたやうなものを、直截に感じる居心地のよさがある。
　又、八瀬の支店は、瀟洒たる池畔の榭亭で、近頃とみに落付《ママ》きを見せて来た遊園地に水錆びた色と、見上ぐる叡山のドツシリとした老杉の香になつかしんで、一日の清興をやるに蓋し恰好な所である。

と評している。「京名物いもぼう平野家を中心とせる東山から叡山への行楽御案内」には、本店・支店の写真も掲載されているのだが、初三郎一流の描きぶりは依頼主である藤之助への忖度がいささか過ぎるだろうか。とはいえ、電話番号を追いかけているだけではわからない、昭和初期平野家の展開をひとめで（しかも楽しく）みることはできるだろう。

最後に食べ歩きの達人、松崎天民の感想も聞いておこう。

丸山《ママ》の平野家は、祇園の石段下にも、カフエー式の新らしい建物で、祇園弁当や昼食を出して居るが、何と云つても平野家の気分は、丸山《ママ》の縄のれんにあつた。芋ぼうや、豆腐料理や煮豆や、すべてが軽く手綺《ママ》麗で、風雅で心易く美味くて安価なことが、平野家の持味になつて居た。一人前二円位で、風流に飲食の出来ると云ふこと、あの芋の軟かさ、あの鱈の付け味など、何処かに京の味があり、古い匂ひがあり、新しい色彩があつた。(41)

天民が〈京の味〉を実感するのは、カフエー式の平野家食堂ではなく、あくまでも《祇園円山》の平野家であった。「縄のれん」というからには、本店ではなく、のちに「いもぼう平野家老舗」となる、当時はまだ支店であったほうにちがいない。

（3）〈京の味〉と出合い二景

…〔略〕…当代は「なあに、禄も少ないので、今でいえばアルバイトをしなければやって行けなかったのでしょう。それがちょうど皆様の好みに合ったので、門跡から平野家の名をもらって、こんなことになったのでしょう。」と言う。初めから料理屋として計画され出発したものではなかった。いわば自然発生的に、料理をする家になった(42)。

「当代」とは、昭和初期に平野家の経営体制を変革した藤之助を指す。聞き手（高木四郎）の関心をひいたのは、藤之助の語る平野家の自然発生性であった。堂本寒星《どうもとかんせい》（一八八七～一九六四）は、「この平野家の祖先は青蓮院の宮に随って大和から上京し、円山で芋畑を開墾しながら、水茶屋を開いたのが発端(43)」であるとし、大久保恒次もまた次のように語る。

そもそも平野家は、南禅寺の瓢亭と同じ発祥のいわれをもっている。
瓢亭が南禅寺門前の茶店であるように、ここは知恩院門前の茶店である。
平野家も料理屋として開業したのではなく、あくまでもお寺に出入りする人を相手の軽い点心から、あれを出せ、これを作ってくれと、客の好みにそって、ともかくも今のように芋棒を名物にする店とはなったものの、瓢亭と同じように、もとのすがたを忘れずに、あくまでも料理屋という商売になりきらぬところがうれしい(44)。

水茶屋に発祥するという点が事実であるかどうかは問題ではない。京都の食文化に精通する評論家三名が、そろって同じような感想をもらしていることに興味を覚えるのだ。

元来、毎月一日と十五日とに家庭の食卓にのぼったという「いもぼう」。平野家の「親切に手をかけて煮込んだ『いもぼう』なればこそ、本当に飾り気のない素朴な家庭料理のよさが味はへるのである」とは、呉服業界に関わりながら京都の芸能界を評論した、食通の井上甚之助《いのうえじんのすけ》（一九〇五～一九七三）である。つづけて彼は、「まことに『いもぼう』こそは、京の味、そして、みんなに親しまれる庶民的な味だと言ってもよからう(45)」、と述べた。家庭料理の範疇に入るか入らないか、その際《きわ》に立つ〈京の味〉いもぼう。表千家家元（当時）の千宗左《せんそうさ》もまた、「棒だらという干物を扱ってイモの味をひき立て、ともにすぐれたものにしているのはほんとうの京の味」と評価していた(46)。

「ほんとうの京の味」ということばを受けてのことであろうか、北村藤之助が目を細めながら述べたのは「出合いのものですなあ」という一言である(47)。そう、たしかに。京洛の伝統食を背景に、長崎からもたらされた唐芋を改良して生まれた海老芋と、日本海を通じて北海道から運び込まれた棒鱈との出合い。

さて、清張の『顔』である。作中に明記されているわけではないものの、おらそく平野家の座敷で、はからずも犯人と刑事たちとが相席した——京名物いもぼうを食べんとしたがために……。犯人からみたときの一方的な遭遇ではあるのだが、これもまた出会いのかたちのひとつであろう。犯人が呼び出し先として京都を選んだのは、いわく「彼〔＝目撃者〕の住んでいる九州の八幡と、この東京〔犯人自身の居住地〕の中間」[48]であるからにほかならない。

はたして清張は、平野家のいもぼう、なかんずく海老芋が、九州の唐芋に由来することを知っていたのだろうか……。この出あいの二景は偶然だったのか否か。

注

（1）松本清張「顔」（『松本清張全集36　地方紙を買う女』文藝春秋、一九七三年、〔初出は一九五六年八月『小説新潮』〕）、一五九—一八八頁。引用は一八四頁より。なお、〔　〕内は『松本清張傑作総集I』（新潮社、一九九三年、二二六頁）にもとづき加筆した。ほかにも微修正が施されているが、変更は〔　〕内にとどめた。

（2）本山荻舟『飲食事典　上巻　あ—そ』平凡社ライブラリー、二〇一二年。牧村史陽編『大阪ことば事典』講談社学術文庫、二〇一二年。『大阪ことば事典』の原著である（大阪ことばの会）牧村史陽編『大阪方言事典』（杉本書店、一九五五年）にもない。

（3）日本風俗史学会編『図説　江戸時代食生活事典（新装版）』雄山閣、一九九六年、二六〇頁。

（4）秋山十三子・大村しげ・平山千鶴『おばんざい　秋と冬　京の台所歳時記』河出書房新社、二〇二〇年、一〇頁。

（5）前掲、秋山ほか『おばんざい　秋と冬　京の台所歳時記』、一二三—一二四頁。
（6）高木四郎『京のあじ』六月社、一九五六年、五六頁。
（7）臼井喜之介『京都味覚散歩』白川書院、一九六二年、二四頁。
（8）原田與三松『売買ひとり案内』原田與三松、一八七八年、十四丁。石田旭山編『京都名所案内図会』正宝堂、一八八七年、四十六丁。
（9）前掲、石田旭山編『京都名所案内図会』、四十八丁。なお、辻本治三郎編『京都案内都百種（増補二版）』（尚徳館、一八九四年、二〇八頁）では、「会席御料理」に「祇園丸山下　平野屋《ママ》」とある。
（10）このあとも「席貸」についてはいく度となく言及することになるが、詳細は加藤政洋編『モダン京都〈遊楽〉の空間文化誌』（ナカニシヤ出版、二〇一七年）を参照されたい。
（11）加藤定穀『京都名所案内』村上勘兵衛、一八九三年。
（12）『歴史写真』（第百六十号、一九二六年、六頁）には、黒川翠山撮影の写真「祇園平野家の菊」が掲載されている。花壇を囲むように天井も壁も葦簀張りにし、床几も置かれている。なお、この写真は「京都府立京都学・歴彩館　デジタルアーカイブ」でも閲覧することができる。
（13）加藤政洋「洛東の遊楽地——祝祭空間を演出する舞台」（上杉和央・加藤政洋編『地図で楽しむ京都の近代』風媒社、二〇一九年）、一二四—一二九頁。
（14）國木田獨歩「西京料理素人評」（『國木田獨歩全集　第九巻』学習研究社、一九六九年）、六九〇—六九五頁。引用は六九四—六九五頁より。
（15）本田徳次郎「京都料理の特色」（『婦人世界　臨時増刊』第三巻第六号、一九〇八年）、一三一—一四四頁。引用は一三二、一三四頁より。東京店は明治五年の開業、日比谷（麹町区有楽町一—一二）で営業していた。

奥田優曇（奥田謙二郎）『食行脚（東京の巻）』協文館、一九二五年、一五八―一六〇頁。
(16) 田中緑紅「われらの京都（一）」（『京都』第十八号（第三巻第六号）、一九三八年）、一八頁。
(17) 前掲、本田徳次郎「京都料理の特色」、三四頁。
(18) 大久保恒次『うまいもん巡礼』六月社、一九五八年、三〇頁。
(19) 井上甚之助「洛味繁盛記――京の食べもの　その三――」（『洛味』第七十一集、一九五八年）、八八―九二頁。引用は八九頁より。
(20) 吉田初三郎『京名物いもぼう平野家を中心とせる東山から叡山への行楽御案内』平野家いもぼう本店、一九二八年八月二十日。
(21) 前掲、高木四郎『京のあじ』、五六頁。
(22) 前掲、大久保恒次『うまいもん巡礼』、二八頁。
(23) 同前。
(24) ただし、高木や大久保以降では、獅子文六が昭和四十三（一九六八）年に「近年、味つけが大変甘くなり、足が遠退いた」と述べている。『食味歳時記』中公文庫、二〇一六年、五〇頁。
(25) 前掲、高木四郎『京のあじ』、五五頁。
(26) 前掲、井上甚之助「洛味繁盛記――京の食べもの　その三――」、八八頁。
(27) ただし、前者の住居表示は祇園町北側三六二である。東山料理飲食業組合『創立百周年記念誌』東山料理飲食業組合、二〇一八年、一〇五頁。
(28) 小菅慶太郎・吉野久和編『京都商工人名録』合資商報、一九〇五年、九四頁。
(29) 『京都商工人名録』京都商業会議所、一九〇七年、一〇六頁。

(30)『讀賣新聞』明治二十九年四月十日。
(31)堂本寒星「明治の頃の京都料理屋」(『洛味』第百集、一九六〇年)、三四-三六頁。引用は三六頁より。
(32)山中章太郎編『二十世紀の京都　天之巻』京都出版協会、一九〇八年、五四頁。
(33)小菅慶太郎・藤井義尚編『京都商工人名録　大正四年改正』合資商報会社、一九一五年、二六頁。「平の家支店」を経営した「北村テル」の名が、大正七(一九一八)年改正版には「先斗町四條上八百重」にもある。《先斗町》でお茶屋も経営していたのであろう。小菅慶太郎・吉野久和編『京都商工人名録　大正七年改正』合資商報会社、一九一八年、二九頁。
(34)武内義尚・小菅慶太郎・打它宗次編『京都商工人名録　大正十三年改版』京都商工人名録発行所、一九二四年、二七頁。
(35)京都府料理飲食業組合連合会『京都料飲70年沿革史』京都府料理飲食業組合連合会、一九九三年、五八-五九頁。
(36)昭和三(一九二八)年六月一日、かつて雇用していた人物の逆恨みによって店主らが殺傷され、店が放火されて全焼するという事件が発生した。『京都日日新聞』昭和三年六月二日。
(37)前掲、井上甚之助「洛味繁盛記――京の食べもの　その三――」、八八頁。
(38)國分綾子・西山治朗(写真)『京の女将たち　老舗の味を訪ねて』柴田書店、一九八〇年、一六〇-一六四頁。引用は一六三頁より。
(39)筆者所蔵のパンフレットに「平野家茶寮」とある。前掲、國分綾子・西山治朗『京の女将たち　老舗の味を訪ねて』、一六八-一六九頁。夕刊京都新聞社学芸部編『京味百選』淡交新社、一九五九年、一六一頁。
(40) 米原有二・藤田あかり『京都老舗　暖簾のこころ』水曜社、二〇〇八年、四二-四三頁。
(41) 松崎天民「京阪喰べある記」(『三都喰べある記』誠文堂、一九三二年)、一一-一二八頁。引用は二一頁より。
(42) 前掲、高木四郎『京のあじ』、五五-五六頁。
(43) 前掲、堂本寒星「明治の頃の京都料理屋」、三六頁。
(44) 前掲、大久保恒次『うまいもん巡礼』、一九頁。
(45) 前掲、井上甚之助「洛味繁盛記――京の食べもの　その三――」、八九頁。
(46) 前掲、夕刊京都新聞社学芸部編『京味百選』、一六〇頁。
(47) 前掲、夕刊京都新聞社学芸部編『京味百選』、一六一頁。
(48) 前掲、松本清張「顔」、一七三頁。

第2章　内陸都市の海川魚料理

海に遠い京都では、かえって北海道の乾魚が京料理のなかに入ってきた。ニシンそば、芋ぼうなどがそうである。いうまでもなく、鯡と鱈である。……〔略〕……中国の精進料理を自家薬籠中のものにすると同様、京都の人は遠隔の地から材料を求める好みもあったようである。あるいは、それも近隣の土地の材料から離れて独自の特徴を見せたい京都人の誇りからでもあろうか。
（松本清張「京の料理」より）(1)

1　江戸人／東京人の口にあわず

（1）紙屋川の二軒茶屋

江戸期の遊覧都市・京都では、物見遊山の名所に必ずといってよいほど料理茶屋が付随し、入洛者たちをもてなしていた。平野神社の境内にあたる紙屋川左岸の「二軒茶屋」も、そのひとつである。(2)

寛政元（一七八九）年、京都に遊んだ司馬江漢は、北野天満宮から平野神社へと向かう際の情景を、「北野天神北の門を出、谷川に二軒茶屋あり。鯉の吸物、うなきの蒲焼あり。夫より平野の宮三社あり」(3)と、日記に書き残している。酒をたしなむ司馬江漢のことであるから、鰻の蒲焼で一杯ひっかけて「鯉の吸物」をすすったにちがいない。

『東海道中膝栗毛』（一八〇四年）の作中ながら、弥次郎兵衛と喜多八もまた紙屋川の二軒茶屋に憩った。

こゝに紙屋川のほとりに二軒茶屋あり。ふたりは空腹となりたるに、支度せんと此茶屋にはいれば、女ども出向ひて「よふお出たわいな。ツイトおくへお出なされ　弥次「なんぞうめへものがあるかね。めしもくひたし酒ものみたし。マアちよびとしたもので一ぱいはやくたのみやすぞ　トおくのゑんさきにこしをかけると、女てうしさかづきを、もち出る。さかなは、ほしあゆのにびたしなり　弥次「さつそく是はありがてへ。女中、ひとつつぎ給へ。(4)

「干鮎の煮びたし」をつまみながら、店の女性に酌をさせて、弥次と喜多はご満悦である。二軒茶屋の食材は鯉・鰻・鮎など。それら川魚を吸い物にし、蒲焼きにし、そして煮びたしにする。いかにも内陸都市らしい酒場の一品といえるだろう。本章では、近代京都における意外にも多彩な「海川魚料理」のさまざまを、料理屋の立地にも注意をはらいながら概観してみたい。

(2)　江戸っ子の料理評

京によきもの三ツ、女子、加茂川の水、寺社。あしきもの三ツ、人気の吝嗇、料理、舟便。たしなきもの五ツ、魚類、物もらひ、よきせんじ薬、よきたばこ、実ある妓女。(5)

京都に長く滞在して、何よりも不自由を感じるのは、東京流の女と食物の欠乏である。酒がうまいだけに、猶更其れを遺憾に思ふ。(6)

ここに比較都巿論ないし比較文化論よろしく、江戸／東京と京都を比較するふたつの文章をならべてみた。前者は享和二（一八〇二）年に「予江戸に生れて三十六年、今年はじめて、京師に遊で、暫時俗腸をあらひぬ」といって書かれた紀行文から、後者は明治四十五（一九一二）年に「生れて始めて西京の地を蹈」んだという「江戸ッ児」が物した日記からの一文である。どちらも、よく知られた書き手によるものだ。

前者は曲亭（滝沢）馬琴の『羇旅漫録』、そして後者は谷崎潤一郎の「朱雀日記」からの引用である。どうやら京都を訪れた異郷者たちは、風景や食べ物のみならず、人情や風俗までをも比較したくなるものらしい。

『羇旅漫録』ならびに「朱雀日記」は、どちらも鋭い観察眼に裏打ちされた、たんなる見聞記にはとどまらない滞洛録となっている。とはいえ、明治維新を挟んで百年以上の歳月を経ているからか、それとも両者の嗜好に違いがあるからなのか、同じ対象を評するにも、意見は相違している。

そのよい例が、女性（おなご／おんな）をめぐる評価であろう。滝沢馬琴が「よきもの」の代表三つに京の「女子」をふくめたのに対し、だれ憚ることなく「たま〳〵旅先の見知らぬ土地へ入り込んで、何よりも憧れるのは女と喰ひ物のことである」(7)という谷崎は「東京流の女」の欠乏を嘆く。また、「人気の吝嗇」――京都人のケチぶり――を指摘する馬琴に対し、谷崎は「京都の人気は一般に決して悪い方ではない」と弁護した。

逆に、両者がそろって強調するのは、口に合わない料理である。たとえば、馬琴は「あしきもの」として「料理」を、「たしなきもの」として「魚類」をあげている。彼の評論に少しばかり耳をかたむけてみよう。

○生洲は高瀬川をまへにあてたれば、夏はすゞし。柏屋松源などはやる。柏屋は先斗町にも出店あり。松源近年客多し。こゝにて鰻鱧、あらひ鯉、名物といふ。魚類は若狭より来る鹽小鯛、鹽あはび、近江よりもてくる鯉、鮒、大阪より来る魚類、なつは多く腐敗す。鰻鱧は若狭より来るもの多し。しかれども油つよく、江戸前にはおとれり。鮎鮠《はえ》は加茂川にてとるもの疲《やせ》て骨こはし。鮠はよし。若狭の焼鮎よしといへども、岐阜ながら川の年魚などくうたる所の口にては、中々味《あぢはひ》なし。鯉のこくせうも白味噌なり。赤味噌はなし。白味噌といふもの、鹽気うすく甘ツたるくしてくらふべからず、田楽へもこの白味噌をつけるゆゑ、江戸人の口には食ひがたし。…〔略〕…京にて味よきもの、麩、湯皮、芋、水菜、うどんのみ、その余は江戸人の口にあはず。(8)

「生洲」とはおもに川魚をあつかう料理屋で、主として三条‐四条間の高瀬川に面して立地した。馬琴によると、鰻・鱧《はも》という川海を代表する長物、そして鯉のあらいを名物としていたらしい。海のない京都には、若狭湾と大阪湾、そして近傍の琵琶湖から、海川の産物がもたらされた。海魚は江戸の前ものに劣り、名産とする鮎も長良川とはくらべものにならない、というのが馬琴の評である。

湯葉やうどんを美味とする点は現代にも通ずるものがあるが(9)、それらをのぞけば「江戸人の口」にはあわないと、辛口の評をもって締めくくられている。

馬琴と同様、谷崎もまた容赦がない。

> 京都の食物は、淡白で水ツぽくて、東京人の口には合ひさうもない。第一に醤油の味が、余程違つて居る。人に依つて其れ其れの嗜好があるとしても、鰻、すし、そばなどは遥に東京より劣つて居る。一般に海の魚は種類が乏くて、而も品質が悪いやうである(10)。

馬琴の嫌悪した白味噌のみならず醤油はもちろん、寿司に蕎麦、そして魚も東京人の谷崎にはあわなかった。馬琴の時代から百年以上の時を経てなお江戸／東京人の味覚に変化はみられない。ただし、その谷崎が「人に依つて好き〳〵はあるが、先づ西京第一流の名を辱ないものであらう」として、「兎に角…〔略〕…一遍東京人も喰つて置くべきである」と評したのが、「瓢亭の料理」であった(11)。上田敏の招きで長田幹彦とともに南禅寺参道の瓢亭を訪れた際の描写を引用しておこう。

一としきり雨は又強くなつて、数寄を凝らした茶座敷の周囲を十重二十重に包んで、池水を叩き、青苔を洗ひ、さゝやかな庭が濛々と打ち煙る。筧をめぐる涓滴の音の、腹《はらわた》へ沁み込むやうな心地好さを味はひながら、さまで熱からぬ程の燗酒を、ちびりちびりと舌に受ける。

　私の腹加減は減つても居ず、くちくもなく、かう云ふところへ呼ばれるには、恰好な気分であつた。先づ最初に、笹の雪の餡かけぐらゐの大きさに切つた一と片《ひら》の豆腐が、小型の皿に盛られて出る。豆腐の上には青い白いどろ〳〵の汁がかゝつて居る。東京の絹ごし程の柔かみはなく肌理の具合も違つて居ながら、口に含めば全然別趣の、又捨て難い味《あぢはひ》がある。汁は木の芽を粉《こ》にして、砂糖と一緒に溶かしたやうなものであらう、洗練された、甘い、舌たるい流動物である。油でいためた加茂川の鰉《ひがい》を始め、西京の特産らしい名の知れぬ川魚や野菜の料理が、此処の自慢の器物に入れられて、後から後からと数知れず運ばれる。女中は、空になつた皿や蓋物を傍《そば》から片付け、一々箸を取り換へて、お酌もせずに引込んでしまふ。酒がよいので頭へも上らず、いくらでも物が喰べられる(12)。

滞在の後半には、『朱雀日記』の筆致もいささか乱れてくるのだが、瓢亭の叙景は冴えに冴えている。このとき谷崎は、加茂川の「鰉」に京都の「特産」らしい川魚を口にしていたのだった。酒の銘柄はなんであったろうか……。

『細雪』の主人公一家恒例の京都における花見に際して、瓢亭は昼食の場に選ばれている。[13] 谷崎の瓢亭経験は、ここにはじまるわけだ。

2 「本当の京の味」と海魚料理

(1) 鯖寿司と鱧

「私はいつもこの芋ぼうと、鯖ずしと、にしん蕎麦を、よそにはない、ほんとうの京の味の代表といっている」と述べるのは、本書を執筆するにあたって多大な影響を受けた『京都味覚散歩』の著者・臼井喜之介である。[14] 本当の京の味と位置づけられた三つの料理——「芋ぼう・鯖ずし・にしん蕎麦」——に、ひとつ共通点のあることはすぐにお気づきであろう。

第1章で述べたとおり、「芋ぼう」の「ぼう」は北海道産の「棒鱈《ぼうだら》」である。順番を入れ替えて、「にしん蕎麦」の鰊《にしん》も、おもに北海道で水揚げされる魚だ。南座に隣接する「松葉」で身欠きにしんを使った「にしん蕎麦」が開発されたのは、明治十五（一八八二）年のことであるという。[15]発売から八十年で本当の京の味と呼ばれるにいたり、現在、街場のうどん屋のメニゥにも見かけないことがないほどにひろがっていることを考えると、「にしん蕎麦」は一大発明といってよい。

昭和戦前期の京都には、「鰊の煮つけ、とろゝ汁、梅椀、猪口、漬物、御飯、これで九十銭。ほかには何も出来ないといふにしんやで通る」鰊料理の専門店が存在した。[16]江戸期以来の名所として知られる真葛ケ原に立地した、京饌寮である。「古来鰊は京都人の常食として深い馴染あるもの、鰊の煮方が上手であることがお嫁さんに一つの資格を与へてゐたとまでいはれ」ているなかで、[17]よほどの自信があったということか。いろいろと調べてみたが、京都において鰊料理だけを供する店はほかにみあたらず、専門店としては歴史上最初で最後となった。[18]

そしてもうひとつ、若狭で一塩された鯖が通称「鯖街道」を通じて京都盆地に運び込まれて生まれたのが鯖寿司である。その鯖寿司について臼井喜之介自身は、次のように語っている。

　京の寿司を語る上に逸してならぬものに「いづう」のさば寿司がある。
　これはむかし若狭でとれたサバをすぐに浜塩にして京へ運んでくると、ちようど一昼夜で塩が廻つて食べごろになる。その塩さばをうまく使つて作つたものが、さばの棒ずしである。[19]

このように京都で本当の味とされたのは、あしのはやい海魚に工夫を凝らして加工し保存された食材あっての料理というわけだ。祭礼にまつわる伝統的なフードスケープを彩るのも鯖ずしであるが、大阪とではその色合いもずいぶんとちがっていた。

同じ夏祭りの御馳走でも、京都と大阪とでは大変な違いです。大阪の天神祭なら鱧の照焼に冷しそうめんとくるところを、京都の祇園祭では鯖寿しといった具合です。

その京都の鯖寿しですが、大阪――大阪ではバッテラとか松前寿司とか呼んでいますが――のに比べると、すごく貫禄があります。第二に切身が甚だ厚いです。第三に巻いてあるおこぶが、大阪は白なのに、京都は黒だといった……変り方です。[20]

京都の祭礼の〈食〉といえば、たしかに鯖ずしである。街場のうどん屋でも、祭日にあわせて鯖ずしの注文を受けることもしばしばだ。とはいえ、京都で鱧《はも》を食さないわけではない。むしろ、夏の京都は高級な割烹から酒場にいたるまで、鱧一色といえるほどに「ハモ」が出まわる。

京都の夏の食卓を横行する食べものは、何といってもハモ（鱧）であらう。それがうまからうが、まづからうが、凡そ京都の人達は、子供の頃からみなハモを食べ習はされてゐると言つてよい。[21]

高度な技を要する骨切りを必要とするものの、値の張る割烹の湯引き・焼き霜にはじまり、居酒屋のいささか身の小さな天ぷらにいたるまで、梅雨を食んで育つともいわれる鱧は、京都の夏に欠くことのできない海魚である。

実際、臼井喜之介は先ほどの鯖についての引用文とはまったく異なる感想をもらしていた。

また、夏の祇園祭りのころは、鯖のシュンでなく、鯖ずしではちよっと暑くるしいとあって、「鱧ずし」にかえるのも乙である。これは京名物のハモの蒲焼を塩さばに代えておしたもので鯖ずしよりも上品だし、夏らしい涼しさも感じられてなかなか好評である。(22)

「鱧ずし」もまた「京名物」のひとつなのであった。

(2) 琵琶湖疏水の牡蠣船

現在、特定の魚介だけを扱う料理屋といって思い当たるのは、左京区高野にある「ふぐ料理」の専門店「ひばなや」くらいしかない。「ひばなや」の歴史はふるく、大正八（一九一九）年の創業であるという。(23)

京都の近代史をひもとくとき、鰊料理の京饌寮のほかには、やや異色ながらも牡蠣料理店の存在がうかびあがる。明治十九（一八八六）年十月、当時の京都に「未だ広島県の名産たる、生蠣の料理店なきを看取し」て《西石垣《さいせき》》に誕生したのが、牡蠣料理専門店「矢尾政《やおまさ》」である。のちに四条大橋西詰に移転する矢尾政は、現在は「東華菜館」になっているといった方がわかりやすいかもしれない。

明治期の小説家にしてジャーナリストでもあった國木田獨歩は、「矢尾政の蠣飯《かきめし》」として、「四條橋畔《はしぎは》（西詰）に矢尾政と云へる二階造りの食店あり、冬は牡蠣飯一方にて牡蠣の天婦羅、牡蠣飯、牡蠣の豆腐からあへ等、牡蠣一式の料理、十餘種を出し候」と紹介していた。(24) 明治四十年には四条通を挟んだ北側に北店を開業し、(25) 牡蠣料理は主としてそちらで引き継がれ（図2－1）、本店は洋食に特化していく。

矢尾政が戦後に存続することはなかったものの、昭和前期に特異な牡蠣料理店が存在したことも忘れてはなるまい。「元祖　かき船」を標榜する「かき春」である。

二人は橋を渡ると、其所から四条まで電車で行き、菊水橋という狭い橋の袂から蠣船《かきぶね》に行った。謙作には尾の道以来の蠣船である。で、彼にはあの頃の苦しい記憶が一寸気分を掠めて通ったが、然しそれから被われるにしては今の彼は幸福だった。一つは居る場所の雰囲気が全《まる》で変っていた。あの薄暗い倉庫町の蠣船とは此所は余りに変っている。前に祇園の茶屋々々の燈りがある。四条のけばけばしい橋、その彼方《むこう》に南座、それらの燈りがまばゆいばかりにきらきらと川水に照反していた。(26)

The bank to the west of Bridge Shijyo-ohashi in moonlight evening. (Kyoto in evening.)
四條大橋西岸の月夜（夜の京都）

図2－1　矢尾政の夜景（北店・本店）

これは、大正後期の『改造』に掲載された志賀直哉の小説「暗夜行路（後篇）」から引用した、「かき春」の立地にまつわる叙景である。「牡蠣船《かきぶね》」とは元来、大阪名物のひとつにかぞえられる、料理屋としては独特の営業形態であった[27]。すなわち、晩秋の牡蠣シーズンになると広島から船でやってきては道頓堀や土佐堀川といった都市内河川に繋留し、船上で料理を供したのである。大正期以降になると、年中の商売へと移行、冬季の牡蠣だけではなく川魚料理などもあつかうようになった。いまも土佐堀川の淀屋橋畔にある「かき広」はその名残りだ。

大阪の中心市街地とは異なり、京都市街には海に直通する河川はなく、牡蠣船が遡上してくることもない。「暗夜行路（後篇）」で新婚の謙作と直子が訪れた「蠣船」からは、祇園花街の茶屋のあかりが目にはいり、南座に四条大橋もみえたという。いったいどこに立地していたのだろうか……。

溝口健二のシナリオライターとして知られる依田義賢《よだよしかた》（一九〇九～一九九一）の説明は明快である。

四条大橋を、東に渡る。京阪の停留所から川端を上る。鴨川にそった、水量豊かな疏水の流を背にして、柳が十数本、そこへ、紅提灯をつるした、おでん、やきとりの屋台が並んでいる。それに続いて、疏水へ、船形の店を張り出しているのは、「かき春」である。(28)

牡蠣船「かき春」は、水に浮かぶ船ではなく、琵琶湖疏水に張り出す「船」の形をした店で、「自家養殖のかきと鮮魚料理」を自慢としていた。(29) 依田は、「牡蠣鍋は清汁《すましじる》のだしをつぎ込んで、鍋の中の芹のあおさや、焼豆腐の白い肌が、汚れないで、鮮やかに食べられるのが嬉しい」と褒めつつも、「さんざ喰った後で、出る牡蠣めしは、もう少々くどいようだ」と、苦言も呈する。

疏水に浮かぶ、いや浮かぶように見えるだけの牡蠣船は、いかにも内陸都市に特有のあり方といえるだろうか。「かき春」は《先斗町》の歌舞練場付近の「みそそぎ川」にも店舗を構えており、(30) 鴨川の両岸でじつに奇妙な立地を選択していたことになる。陸化した牡蠣船といえば、信州は松本城の近傍に立地する料理屋「かき船」などが想起される。現在の京都にオイスターバーはあれど、牡蠣料理の専門店はおそらくあるまい。

とはいえ、ここまで引用してきた『洛味』の広告には「かきは十月一日より」とか「お待ち兼ねのところいよいよ始めました」とあり、牡蠣料理はあくまで季節限定であった。「かき春」もまた、「海川魚料理」をかかげた料理屋だったのである（図2－2）。

3　川魚料理屋のさまざま

毎年、夏になると思ひ出すのは、その昔、貴船を訪れたとき、そこで食べさせられたゴリ料

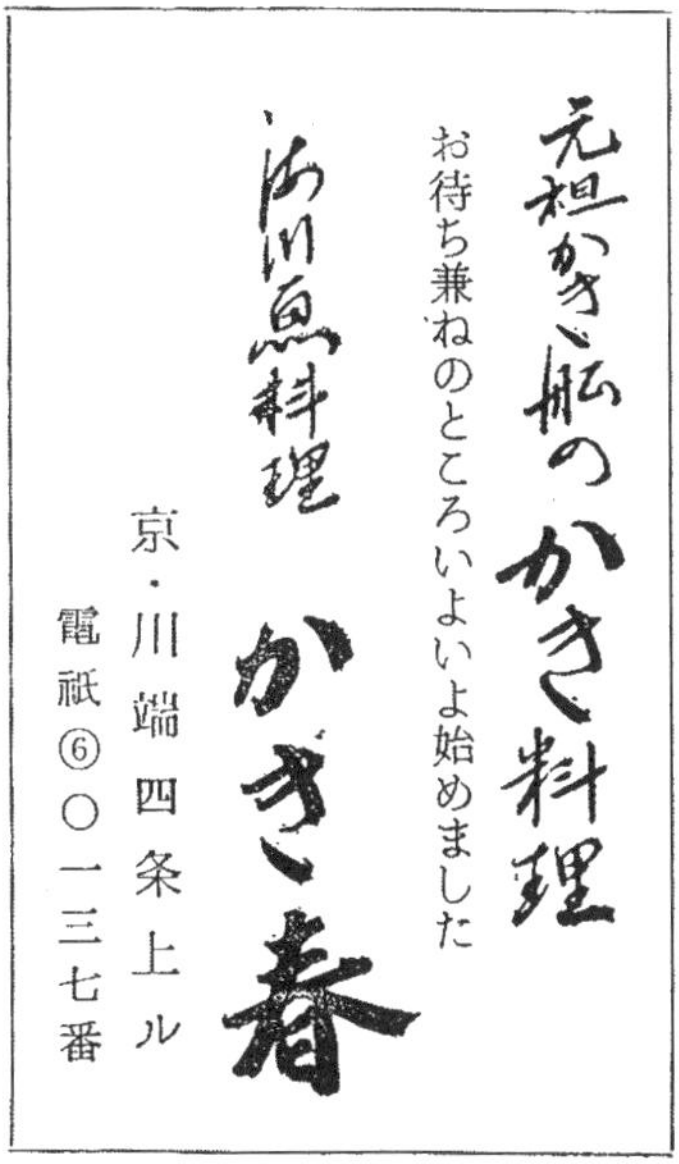

図2－2　「かき春」の広告

理の素朴な味である。(31)

（1）魯山人の絶賛

昭和初年のガイドブック『大京都』に「京名物・京みやげ」を紹介するコーナーがある。「八ツ橋」や「月餅」、あるいは「千枚漬」や「すぐき」などとならんで最後にあげられたのが、「鷺知らず」だ。銘菓や漬物ならともかく、「鷺知らず」ということばは聞いたこともみたこともない。『大京都』の紹介文を引用してみよう。

鴨川に産する「ごり」と称する小魚を醬油及砂糖を以て煮付けたるものにして魚骨軟く腥臭なくして克く貯蔵に耐へ、京名物の一として賞用せらる。「鷺知らず」とは其形小にして鷺の如き小魚を漁りて食餌となすものすら之を見逃すと云ふ意より名付けられしものなりと。

市内　縄手四条北入　吉田重一(32)

なるほど、鷺にも捕食されることのない小魚というわけだ。ただし、京都では「鷺知らず」と「ごり」とは区別されている。「京都には『鷺知らず』といううまい魚がある」と指摘した北大路魯山人は、その「鷺知らず」とは区別して「ごり」を次のように述べて、また絶賛する。(33)

京都の川肴料理では、赤だし（味噌汁）一椀に、七尾いれることを通例としている。こんな小さなものを七尾入れて、立派な京名物の吸物ができるのだから、そのうまさが想像できるだろう。従って値段も高い。沢山獲れないからである。とても佃煮なんかにして食べるほど獲れないのだ。にもかかわらず、佃煮にして食べようというのであるから、ごり茶漬は天下一品の贅沢といわれるのである。(34)

魯山人も「京名物」と認識していたわけだ。

「京の台所」と称される錦市場の老舗川魚店に勤める知人によると、「ごり」は小型のヨシノボリ、鷺知らずはオイカワの稚魚を指す。その店では現在も「ごり」の佃煮を販売しているものの、琵琶湖産のウロリという小魚がもちいられているという。川で獲れる「ごり」は、ウロリと区別するために「本ごり」と称して販売され、生きたまま卸すこともあるという、料理屋に人気の商品なのだそうだ。

「加茂川のゴリとか、さぎしらずなどといった珍味が賞味された時代」には、《先斗町》や縄手通に「川魚専門の料理屋が幾軒もあった」という堂本寒星の回想にふれるとき、(35)さきに引用した『大京都』の文章の末尾にある人名がにわかに注目される。そこには「縄手四条北入　吉田重一」とある。縄手通に立地した鷺知らずの販売業者だったにちがいない。

実際、明治二十（一八八七）年の『京都名所案内図会』には、「鷺しらず商」の項目が設けられ、

図2－3　「鷺知らず」の漁風景

縄手通をふくむ四軒の店舗が書き上げられている[36]。挿絵の右上には「鴨川鷺しらずどりの図」とある（図2－3）。奥が左岸、流れのゆるやかな浅瀬で網を打っているようだ。専門店が成立するほどの人気を博していたわけだ。

そうした人気商品であるだけに、ごりは「川魚料理」を名代とする老舗料理屋「平八茶屋」の看板メニゥのひとつにもなっていた[37]。

…〔略〕…若狭から参勤交代で出入りした大名行列や旅人の一服した、街道の茶屋だった面影を残している。そうした旅人に付近でとれた山の芋でとろろを作り、川魚を焼いたり煮たりして麦飯で食べさせた。そんななつかしい味を今に継いで、名物としているところがうれしい。庭をへだてて高野川を望むところに部屋をならべ、紺がすりにたすき、三幅前だれというお給仕が料理を運んでくる。ひがい、もろこ、川えび、ごり、あまご、うなぎ、鯉などの川魚料理、自慢は主人が必ず手を下すというごりの飴だき[38]。

図2－4　高野川に面した平八茶屋の座敷

明治四十年春に滞洛した夏目漱石は、四月十日の日記に「平八茶屋（雨を衝いて虚子と車をかる。渓流、山、鯉の羹、鰻、）」と記している[39]。前日の日記にも、「十一屋。平八茶屋。高野村へ行く途中山端にあり。」とみえているのだが、京都へ到着したばかりの高濱虚子に誘われて、「平八茶屋」を訪れたのだった。

高野川の清流に面した座敷で（図2－4）、二人は川魚料理を堪能したのだろう。漱石は、それと知らずに「ごり」を口にしていたのかもしれない。

（2）鯰・鯔・鼈

明治四十年四月九日の漱石の日記にあらわれた「十一屋」とは、これまためずらしい「なまず料理」の専門店である。平八茶屋と同様、もともと街道筋の茶店であったようなのだが、比叡山から僧兵（寺士）がおりてきて休憩することもあったらしく、「一般に士家（さむらいや）と呼ばれていた」。「士」がいなくなったのちに漢字一文字が二文字に分離し「十一」家になったのだという(40)。

料理はもちろん「鯰《なまず》一式で献立」が組まれ、なかでも「洗い」を「血合いの鮮紅、身の白さ、鯉によく似ていて、いいかげんな鯉よりもおいしい」と評するのは、食通で知られた大久保恒次である(41)。大久保によると、昭和三十年代前半は近傍から売りにくる鯰を買い上げて「自家の池に放っておく」いたというのだが、筆者（加藤）が二〇一〇年に元の経営者の方にお話をうかがったところ、後年は岡山から仕入れていたとのことであった。調理場に残されていた冷蔵庫は、電気ではなく氷をもちいるもので、刺し身の保冷には最適のよし。柳田國男は冷蔵庫の普及と海魚を刺身にする生食機会の増大――あるいは欲求の高まり――との関連を指摘していたが(42)、それはなまず料理にも及んでいたわけだ。

なまずにくわえて、どじょう料理の専門店も存在した。うなぎ料理の店でもどじょうを供していたが（図2-5）、近代をつうじて京都に存続したどじょうの専門店となると一軒しかない。御所の堺町御門前に立地した美濃庄である。

明治十四（一八八一）年のガイドブックでは「鰌《どじょう》料理」の項目に、「美濃庄」（丸太町高倉角）と「若蝦鰕」（五条橋東詰）とがみえている(43)。「生洲海川魚料理」の項目とはわけて書かれているので、どじょう料理の専門店とみてよい。

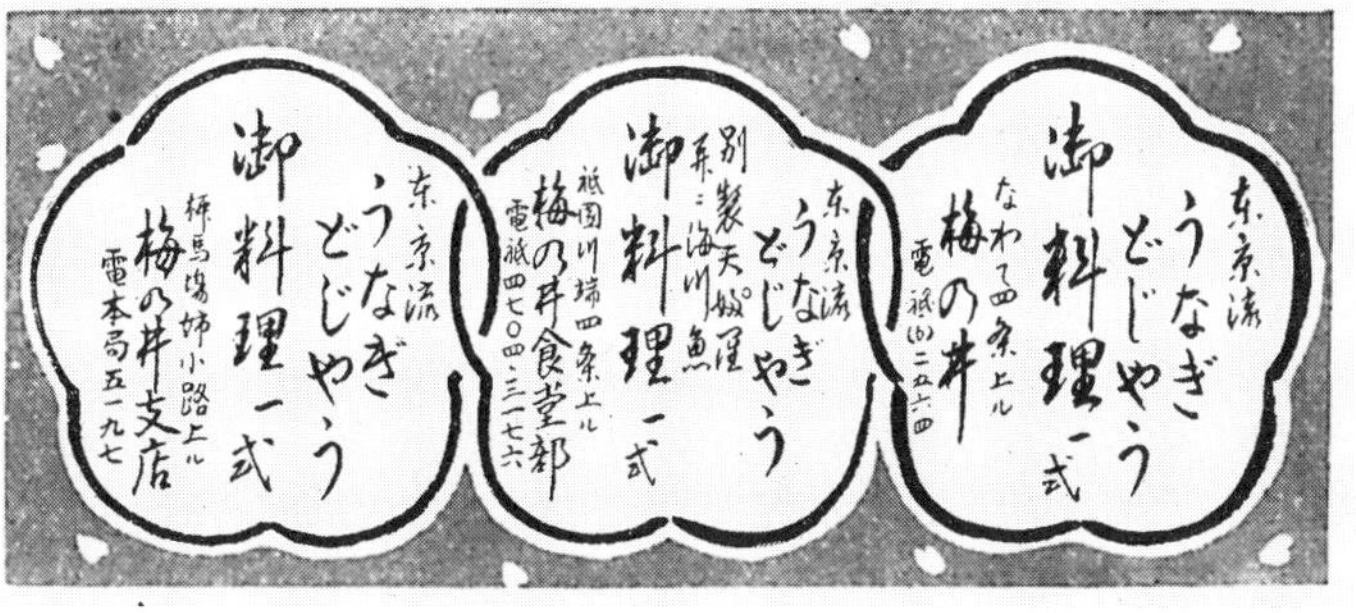

図2-5　梅乃井の広告

鰌は、関西では「柳川鍋」として、古い歴史を持ってゐる。開いた鰌の身を、牛蒡と一緒に土鍋で煮て、玉子をといて落したものが「柳川鍋」――つまり「どじょう鍋」で、少し甘辛い味付けに、薬味の山椒を振りかけて食べるといふ、まことに野暮ったい料理だが、一面なか〳〵家庭的なところもあって、凡ての関西人が、子供の頃から親しみを持って食べ続けて来たものである。(44)

すべての関西人が子どものころから食べつづけてきたという「どじょう鍋」。魯山人もまた、次のように述べている。

「どじょう鍋」。うまくて、安くて、栄養価があって、親しみがあり、家庭でも容易にでき、万事文句なしのもの。ただし、貴族的ではない。これがどこへ行っても歓迎を受けているのはもっともな話である。(45)

子どもと「どじょう鍋」をつつく家庭は、いまでもあるのだろうか……。

明治前期まで丸太町高倉に位置した美濃庄は、その後、通り一本東の堺町へと移転していた。御所前の立地も特異であるし、「午前六時開店、午後六時閉店といふ変つた料理屋でもある」と指摘されており[46]、由来をふくめて気になるところである。

戦後の営業再開が昭和三十一年の秋まで遅れてファンをやきもきさせていたところ、再開の報を聞きつけた画家の楳崎洙雀《うめざきしゅじゃく》（一八九六〜一九六九）は、翌年の春に美濃庄を訪れて、次のように記している。

先づ、女将との偶然の再会に、第一印象を強くした。彼女は祇園の出で、先師関雪先生の酒宴で度々同座の間柄（それはしばしば文字通り長夜連夜の酒宴だった）、おのづから、亡師の思い出に話は大いにはずんだ。

ここのどじょう料理の風味は、流石に先代の昔を偲ぶにふさわしく、勿論材料は日本一岡山産、小はどじょう鍋に、大はどじょう蒲焼に。その他、どじょうてんぷら、どじょう巻、どじょう汁。……といった献立[47]。

当時の広告をみると「うなぎ」も掲げているので[48]、必ずしもどじょう一辺倒というわけではなかったようなのだが（本書第3章も参照されたい）、鯰に次いで鰌一式の献立もいまはどこにもないだろう。

鯰・鰌の次は鼈《すっぽん》である。

私が京都へ来ることが定まつてから、私の顔をみさへすれば、食ひ仲間の長田秀雄氏が、「ホーレーさん、京都へ行つたらネ、第一にすつぽんを食べにいらつしやいよ」と云ひ〳〵したが、すつぽん料理の「大市」と云へば、私共の住居から遠い向うの端の北野のどこかで、つい目近な祇園を中心としてのみ食物行脚して、入洛後しばらく行けなかつた。(49)

詩人の長田秀雄《ながたひでお》（一八八五～一九四九）に「第一（大市？）にすつぽんを食べに」とすすめられたのは、イギリス出身の言語学者で第三高等学校に着任することとなったフランク・ホーレー（Frank Hawley 1906–1961）である。店の場所さえはっきりと知らぬ彼は、初訪問の際、「鷹揚にタクシーを呼び止めて『すつぽん――大市だ！』」と行き先を命じたところ、「西陣の機業家が竝ぶ辺を通り、大通からクネ〳〵と細い道に入り、と、止つたのは薄汚い狭い通の遊廓の際の小さな仄暗い家の前！」であったことから、「少からず面喰つて了つた」ことを告白する。再訪した際には、「京都の家は概して門も庭もなく、格子が嵌り、間口がごく狭く、妙に奥行きが長い家がピツタリくツついてをるから、大変に陰鬱だ」、と――後述する谷崎の「入金」式とはあまりに対照的な、けれども的確な——印象を語ってもいた。

その後、彼は短期間のうちに幾度となく通ったらしく、「私の京都での無上の楽は、神社仏閣を見物する事でも無く、美味珍味を求め歩く事で、このすつぽん料理を味ふ事は嬉しい事である」と述べ、「海外から紹介して来る外国人を第一に案内するのはこゝであり、彼等にこよなく喜ばれるのは他の何処でもない、この小さい、きたない入口の奥に存在する鼈料理である」とまで言い切った。よほど気に入ったのであろう。

当時の主人によると、「すつぽんは内地産に限る。琵琶湖産は一等もので私方では地理的便宜からも主として之れを使つてゐる」というのだが(50)、なぜに遊廓《五番町》の近傍に立地したのだろうか……。

(3) 鮎の都

「岐阜の鮎も有名ながら、私の口には鮎中の最高とは言えず」と言い切る魯山人をして「一番」と評価せしめたのは、京都府北部の由良川水系の和知川で獲れる鮎であった。「姿もよく、身もしまり、香りもよい(51)」、と。鮎は年魚にして、香魚とも書く。

その魯山人が、幼年期をふりかえりつつ、京都の鮎事情を次のように説明する。

…〔略〕…京都は地形的に恵まれているので、昔から料理屋という料理屋は、家ごとに鮎を活かして置いて食わせる習慣があった。料理屋ばかりでなく、魚屋が一般市民に売り歩く場合にも活きた鮎を売っていたくらいだ。

私たちの子供の時分によく嵯峨桂川あたりから鮎を桶に入れて、ちゃぷんちゃぷんと水を躍らせながらかついで売りに来たものである。このちゃぷんちゃぷんと水を躍らせるのに呼吸があって、それがうまくゆかぬと鮎はたちまち死んでしまう。これが鮎売りの特殊な技術になっていた。(52)

彼の幼年期には、桂川から活きた鮎を桶に入れて運んでくるという、「特殊な技術」を要する高度な振り売りもあったようだ。これは明治期の話であって、(53)さすがに現代の京都では見られない。しかしながら、ふたたび錦市場にある老舗川魚店の知人によると、現在は夏はおもに「活け鮎の配達」をしているという。大きさの異なる鮎を得意先ごとに仕分けて、水と酸素とともに袋詰めにし、配達するのだそうだ。振り売りの「特殊な技術」がそのままのかたちで伝承されているわけではないにせよ、魯山人が言うところの料理屋の「習慣」は、現在の京都にも息づいている。

井上甚之助もまた、「季節になると、どこの料亭でも必ず鮎の塩焼が出る。鮎料理の出ない料理屋は、先づないといつてもいい位である」(54)と述べていたが、先ほどの知人によると、「天然鮎」にこだわる料理屋も多いらしい。さらに、店舗を訪れる馴染み客のなかには、自家で焼くからといって、わざわざ「活け鮎」を買って帰るものもあるという。振り売りはなくとも、「活け鮎」を取り扱う川魚専門店あっての食文化ということだろう。

さて、京都の鮎料理と聞いてすぐに想起されるのは、愛宕山の鳥居本でいまも営業している鮎の宿「つたや」に鮎茶屋「平野屋」であろうか。

……〔略〕……清滝の鮎料理専門店の、「つたや」とか「平野屋」とかは、一見如何にも田舎臭いが、本当の鮎好きの人には、素直に喜ばれる店であると言へよう。この界隈は、俗に「鳥居本」と呼ばれてゐるところで、愛宕山麓の清滝にほど近く、愛宕神社の一の鳥居のあるところである。鳥居の手前にあるのが「つたや」であり、鳥居の向うにあるのが「平野屋」で、「つたや」が「鮎の宿」と称へれば、「平野屋」は「鮎茶屋」と称し、森閑としたうちにも、鳥居を挟んで両々相譲らず、都会の人を招いてゐる風景は面白い。(55)

水上勉は「平野屋は、鮎宿である」というが、(56)「つたや」と取り違えて記憶していたのかもしれない。そして、「平野屋の鮎のうまさは、まるで百年も前へ月日がさかのぼったかのような〔江戸の雰囲気〕にひたって食べるのだから、味覚と旅心が渾然と溶け合い、何ともいえぬ心地がしてくる」とたたえたのは、(57)水上と同時代を生きた池波正太郎である。

平野屋は、享保のころからある古い茶屋で、愛宕詣での人びとが、先ず此処で一息いれてから山道をのぼったのであろう。

むかしは、保津川や清滝川でとれる鮎を、この茶屋まで運び、荷の中の鮎へ水を替えてやってから、京へ運んだという。茶屋の中も、江戸時代のおもかげを色濃くとどめてい、夜に来て酒飯をしているときなど、照明も淡いので、

（夢の中にいるような……）

気分になってしまう。

もう、ずいぶん前のことだが、昼ごろに独りで来て、谷川をのぞむ縁台の緋毛氈の上で鯉の洗い、鮎の背越しに塩焼きを思うさま食べた。(58)

京都は「鮎の都」でもあった。

4　ジャンルの消滅

若狭湾と大阪湾は、どちらも京都の中心市街地から五〇キロメートル前後の距離にある。湖国の近江ともとなり合うこの盆地には、じつに豊富な「海川魚」が三方からもたらされた。昭和十（一九三五）年を前後する時期になると、そのフードスケープに新たな一面がくわわる。阪神・京

阪間の国道整備にともない、大阪湾‐京都間の自動車輸送に要する時間が大幅に短縮され、鮮魚の流通も潤滑になるのだ。

その結果、現在では「しゃぶしゃぶ」と「お茶漬け」の店として知られる十二段家（当時は祇園町北側に位置した）は、「京阪の地に於て生け魚専門使用調理は弊店の絶対誇りとする所であります」とし、「弊店使用の魚類は本場明石より毎朝生け魚を直配して居ります」と宣伝していた[59]。同じく、《新京極》の古株である田毎のメニゥには、「毎朝神戸駒ヶ林より明石の新鮮なる生魚を入荷して居ります」と記されていたという[60]。駒ヶ林とは、明石海峡にも近い神戸市の漁村である。輸送されてきたのは、明石鯛をはじめとする鮮魚であろう。時間距離の短縮は、産地と鮮度への欲望を惹き起こす。京都に「江戸前にぎり専門」の鮨店が進出してくるのも、ちょうどこのころのことだ。

(1) 盆地のコスモロジー

さて、ここまで点描してきた「海川魚」をめぐるフードスケープを念頭に、京都盆地をスケッチしてみた（図2‐6）。夏には紙屋川でも近所の子どもたちが魚とりをする姿がときおりみかけられるものの、魚影の濃い大きな水系となると、保津川（桂川）と鴨川しかない。

愛宕山のふもと、愛宕神社一の鳥居に位置する鳥居本は、地理学の用語でいうところの谷口集落といってよい。ここ鳥居本の鮎茶屋には、とおく由良川水系の鮎までもが運び込まれて、京都

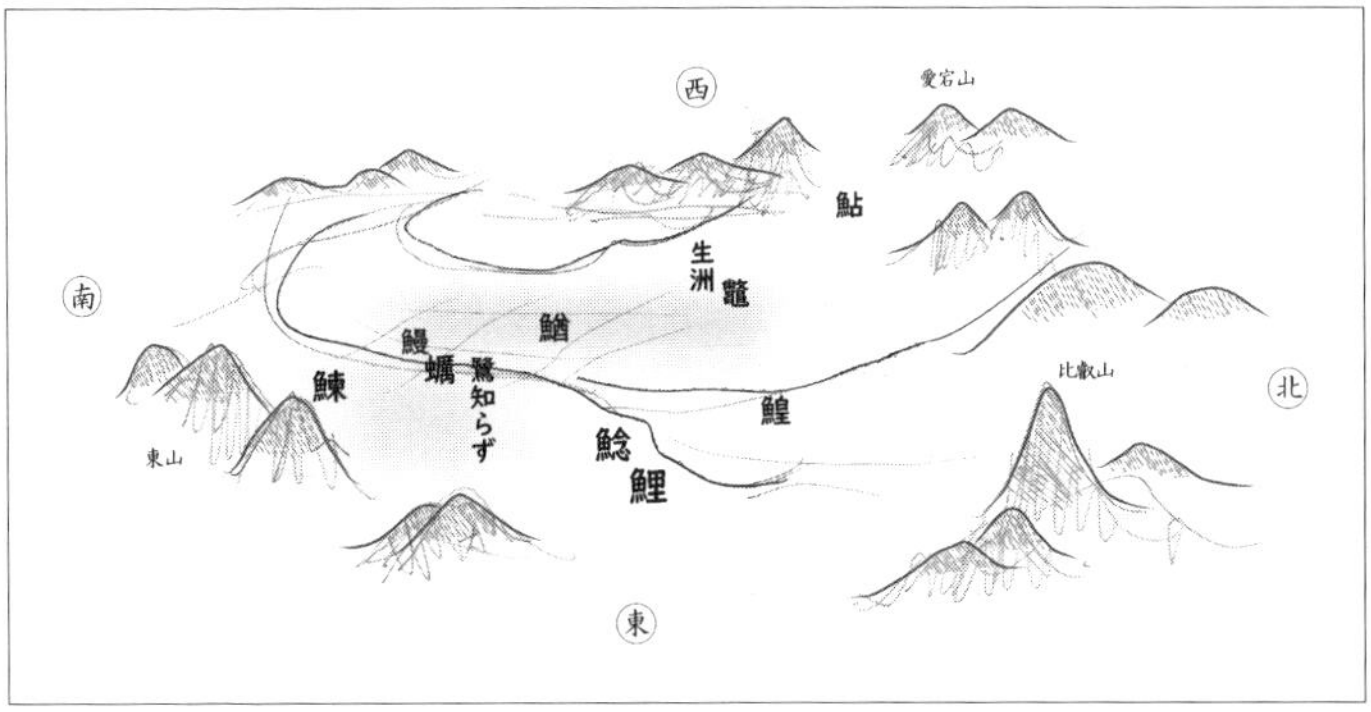

図2-6　盆地のコスモロジー

の市街地へ中継する役割をはたした。

旧市街地西郊の西ノ京には、残念ながら本書でふれることはできないけれども、江戸期以来の「生洲」の名をつぐふたつの料理屋——釣生洲と雑魚生洲——が立地した。現在も営業している釣生洲には、とても興味ぶかい由来が伝えられている。

旧遊廓《五番町》のはずれ、六番町に位置する「すっぽん」の大市は、いまもかわらぬたたずまいをたもっている。それにしても、なにゆえこの地で「すっぽん」だったのであろうか。由緒やいかに。

由来という点では、御所前のどじょう料理屋「美濃庄」の立地も不思議というほかはない。市街地の近郊に鼈や鰌の産地があるわけでもなく、飼育するのに好適な条件がそろっているというわけでもなかろう——謎のままだ。

鴨川の支流、貴船神社のたもとを流れる貴船川に面しては、川床をかける料理旅館がならぶ。そこでもまた、夏に涼をもとめる人たちに川魚が供されてきた。

> ……〔略〕……夏は渓流の上に床を張り出し、市内より五度か十度は低く、絶好の避暑地である。
> 食べものの方も、春は若鮎、春子（アマゴ）、夏は納涼の川床料理、アマゴ、鮎……〔略〕……(61)

貴船の料理旅館街についても、いずれ取り上げてみたいとおもっている。

南東に転じて四明岳（四明嶽）のふもと、高野川左岸の八瀬遊園地については序章で述べた。料理屋はひとつとしてないけれども、最後まで店を残したのが、「鯉、鮒、うなぎ、アマゴ、ゴリ、モロコなどの川魚専門」店たる平八茶屋である(62)。本店はいまも高野川左岸の山端に立地するが、鯰の十一家は閉業してひさしい。

高野川と鴨川の合流する付近は、だれが名づけたか鴨川デルタという。地形ではなく形状に由来するのだろう。荒神橋以南の両岸には、近代京都の名だたる遊興空間がまさに沿岸列状にならんでいる。右岸では、江戸期の花街にして席貸街へと転じた《東三本木》、席貸街《上木屋町》、花街《先斗町》、料理屋街《西石垣》、席貸街《下木屋町》、そして遊廓《七条新地》。左岸では、遊廓《二条新地》、川魚料理屋街たる縄手通の南部はもともと《祇園新地》の範域であり、四条通以南の《宮川町》へとつづく。

縄手通の「鷺知らず」専門店などはいかにも京都らしく、右岸では江戸期以来の生洲料理の系

図2－7　吾妻家の看板

譜に牡蠣料理やうなぎ料理が接がれていく。真葛ケ原（円山公園）の「いもぼう」平野家、《祇園新地》の「鯖姿寿司」いづう、そして南座横の「にしん蕎麦」松葉という、臼井喜之介いうところの「本当の京の味」をまもりつづけている料理屋の立地に変化がないことも興味ぶかい。

（2）残された看板

《祇園新地甲部》の歌舞練場にほど近い安井金毘羅宮をとりまく旧席貸街のなかに、廃業した料理屋「吾妻家」の看板が残されている（図2－7）。「うなぎ」の蒲焼は「江戸式」であったようだ。京都における蒲焼の歴史については、次章「江戸か関西か」でたどることとしよう。

ここまで点描してきたとおり、近代京都には特定の魚介類を食材とする個性的な専門店がある一方で、海魚や川魚をとりあわせる料理屋も存在した。吾妻家の看板にある「海川魚御料理」は、後者を象徴する語句である。明治期以降の京都案内（都市ガイドブック）を繰るなかで気づかされるのは、この海川魚料理がひとつのジャンルとして確立されていたということだ。

表2－1は『京都名所順覧記』（一八七七年）に掲載された「割烹店《りうりや》」を列挙したものである。各料理屋には、所在地とともにジャンルが付記されていることから、明治初期における料理屋区分の認識枠組みを知ることもできるだろう。筆頭は、本書の序章にも登場した、老舗旅館の柊家である。次いで、八坂神社境内の鳥居のたもとで二軒茶屋として向かいあう、京都観光の西洋化に先鞭をつけた中村屋（のちに中村楼と改称）と自由亭、同じく鳥居前の栂の尾と鳥居本とがつづく。以下、本章でもふれた瓢亭や平八茶屋をはじめ、京都の近代を代表する料理屋が散見される。「すっぽん」の大市に「鰻」とあるのも興味ぶかい。若狭に通ずる街道に沿った山端の平八茶屋や下鴨の相模屋などに「若狭物（原文はワカサモノ）」と記されているのも土地柄であろう。若狭産の一塩した魚は、京都に欠くことのできない食材である。

ジャンルでみると、「海川魚」が一〇軒、「会席海川」が八軒と、海川魚料理屋が多い。『京都名所順覧記』の翌明治十一年に刊行された『売買ひとり案内』では、京都料理のジャンルがみごとに整序されている。(63)

会席料理　　生洲海川魚料理　　鰌一式料理　　西洋料理　　席貸料理

表2-1　『京都名所順覧記』掲載の「割烹店」

所在地	店　名	ジャンル
麩屋町姉小路上ル	ひいらぎや	会席海川
祇園二軒茶屋	中むらや	緒魚西洋
祇園二軒茶屋	自由亭	緒魚西洋
祇園下河原	栂の尾	会席海川
祇園下河原	鳥居本	会席海川
先斗町	竹むらや	会席海川
先斗町	いけ吉	川魚
富小路四条下ル	松むらや	会席海川
木屋町三条上ル	いけ亀	川魚
麩屋町御池上ル	八新	会席海川
御池富小路東入	まつ清	会席海川
姉小路堺町東入	八百勘	会席海川
西洞院四条上ル	まつ吉	川魚
魚棚烏丸西入	大かめ	海川魚
縄手	みの吉	川魚鳥
縄手	みの佐	川魚鳥
祇園町	げん長	海川魚
宮川町四丁目	新弥	海川魚
宮川町五条上ル	津半	海川魚
下河原	噲々堂	海川魚
産寧坂	明ぼの	海川魚
南禅寺	瓢亭	会席
三条白川橋	藤かめ	海川魚
三条蹴上	弓や	海川魚
三条追分	山かめ	海川魚
下鴨	さがみや	川魚　若狭物
上加茂	清ろいや	川魚　若狭物
山端	平八	川魚　若狭物
山端	山五	川魚　若狭物
北野	木や	海川魚
五番町	大市	鰻　祝亀
東寺	とばや	—
島原出口	阿ら松	鳥海川
新京極	さの新	—
新京極	○万	—

注：伏見・宇治は除いた。

ひるかしわ料理　精進料理　仏事精進料理　牛肉料理

ジャンルとしてわかりにくいのは、「席貸料理」と「ひるかしわ料理」であろうか。前者については別のところで論じたことがあるのでそちらを参照していただくこととし(64)、後者は本書第4章の主題となる。のちに、すしや麺類がはいってきたり、「仏事精進料理」といった細分化はなされなくなるものの、昭和戦前期までの類書では、おおむねこの分類が踏襲されることになる。たとえば、昭和初年のもっとも体系的なガイドブック『大京都』の分類は、以下のとおりである。

海川魚一般御料理　芋ぼう料理　精進料理　鼈　蠣料理　鰻料理
天麩羅料理　西洋料理　支那料理　精肉スキ焼料理　鶏肉スキ焼料理
寿司　お茶漬　関東煮（立食料理）　うまい小鉢料理（一寸一杯）
気の利いた蕎麦屋(65)

明治期からの大きな変化は、「関東煮《かんとだき》」をはじめ「一寸一杯」やることのできる居酒屋が登場してきたことだ。洋食や中華の店も確実にふえている。「海川魚一般御料理」は「会席」をふくんでいるものの、五十軒をこえるもっともメジャーなジャンルであることにかわりはない。

ところが現在、今熊野にあるハモ料理の「うお市」をのぞいて、海川魚料理を看板とする店は京都市内にみられない。戦後、京都料理の近代的なジャンルである「海川魚料理」は、少なくとも看板としては消滅してしまったようなのだ。食材としての海川魚を、あえて冠する必要もなくなったのだろう。

そしていまでは、それに代わる便利なことばが発明されている——京料理。

注

（1）松本清張「京の料理」（『きょうと』第四五号、一九八六年）、二一-二三頁。引用は二三頁より。

（2）名所に立地した種々の茶屋については加藤政洋『京の花街ものがたり』（角川選書、二〇〇九年、第2章）を、同じく紙屋川の二軒茶屋の詳細については加藤政洋編『モダン京都〈遊楽〉の空間文化誌』（ナカニシヤ出版、二〇一七年、第十一章）を参照されたい。

（3）司馬江漢「江漢西遊日記」（駒敏郎ほか編『史料　京都見聞記　第二巻　紀行Ⅱ』法蔵館、一九九一年）、二六四-二六九頁。引用は二六七頁より。

（4）十返舎一九『東海道中膝栗毛　下』岩波文庫、一九七三年、七編下、二六七頁。

（5）曲亭馬琴『壬戌羇旅漫録』（塚本哲三編『日記紀行集』有朋堂書店、一九二七年）、四八九-六八〇頁。引用は五七四頁より。

（6）谷崎潤一郎「朱雀日記（十九）」（『大阪毎日新聞』明治四十五年五月二十八日）。

（7）谷崎潤一郎「朱雀日記（十六）」（『大阪毎日新聞』明治四十五年五月二十五日）。

（8）前掲、曲亭馬琴『壬戌羇旅漫録』、五八六‐五八七頁。

（9）ひょっとすると池波正太郎の京都「うどん」発見にいたる文学史の端緒を切り拓いたのは、ほかならぬ馬琴だったのかもしれない。池波正太郎『むかしの味』新潮文庫、二〇一五年、一六八頁。

（10）前掲、谷崎潤一郎「朱雀日記（十九）」。

（11）谷崎潤一郎「朱雀日記（七）」（『大阪毎日新聞』明治四十五年五月四日）。

（12）前掲、谷崎潤一郎「朱雀日記（七）」。

（13）谷崎潤一郎「細雪　上巻」（『谷崎潤一郎全集　第十五巻』中央公論社、一九八二年）、一三九頁。

（14）臼井喜之介『京都味覚散歩』白川書院、一九六二年、二六頁。

（15）松葉のウェブサイト内にある「松葉について」（http://www.sobamatsuba.co.jp/about/index.html）を参照されたい。最終閲覧日二〇二一年二月十三日。

（16）『洛味』第二巻第三号、一九三二年、七二頁。

（17）同前。

（18）なお、京饌寮の女将・田畑あいは、高濱虚子の小説「風流懺法」「続風流懺法」「風流懺法後日譚」のヒロイン（舞妓　三千歳）のモデルとなった女性である。この点については、前掲、加藤政洋編『モダン京都〈遊楽〉の空間文化誌』の第九章を参照されたい。

（19）前掲、臼井喜之介『京都味覚散歩』、一五四頁。

（20）島田福雄「京百味　その二十四」（『洛味』第七十五集、一九五八年）、一〇二‐一〇四頁。引用は一〇二頁より。

（21）井上甚之助「洛味繁昌記（一）——京の食べもの　夏の巻——」（『洛味』第六十九集、一九五七年）、五四‐五七頁。引用は五五頁より。

（22）前掲、臼井喜之介『京都味覚散歩』、一五五頁。

（23）國分綾子『京都味しるべ』駸々堂、一九八〇年（新訂版）、一〇六‐一〇七頁。http://hibanaya.jp/（最終閲覧日二〇二二年二月一六日）。

（24）國木田獨歩（國木田獨歩全集編纂委員会編）『國木田獨歩全集　第九巻』学習研究社、一九六六年、六九五頁。

（25）「料理屋矢尾政　浅井安治《ママ》郎氏」（尾野好三編『成功亀鑑』大阪実業興信所、一九〇九年）、一二六‐一二八頁。

（26）志賀直哉『暗夜行路』新潮文庫、二〇〇八年、三六六頁。

（27）牧村史陽編『大阪ことば事典』講談社学術文庫、一九八四年、一五八‐一五九頁。

（28）依田義賢「上方味覚地図①　鴨東」（『淡交』第十四巻第一号、一九六〇年）、六六‐六九頁。引用は六六頁より。

（29）『洛味』（第一九二集、一九六八年）の巻末広告より。

（30）同店は「蠣で名の通った広島かき春」の支店であったというが（西村善七郎編『大京都』大京都社、一九二八年、七四頁）、同時期の新聞広告では川端四条上ルを「かき春本店」、同じく三条大橋西詰（歌舞練場付近）を「かき春支店」としていた（『京都日日新聞』昭和二年十月三十一日）。

（31）井上甚之助「洛味繁昌記――京の食べもの　その二――」（『洛味』第七十集、一九五七年）、六二‐六五頁。引用は六三頁より。

（32）前掲、西村善七郎編『大京都』、一〇四頁。

(33) 北大路魯山人『春夏秋冬　料理大国』ちくま文庫、二〇一〇年、二一三頁。
(34) 前掲、北大路魯山人『春夏秋冬　料理大国』、二一二-二一三頁。
(35) 堂本寒星「明治の頃の京料理屋」(『洛味』第一〇〇集、一九六〇年)、三四-三六頁。引用は三五頁より。
(36) 石田旭山編『京都名所案内図会(附録)』正宝堂、一八八七年、四十七丁。
(37) 前掲『洛味』(第一九二集、一九六八年)には、「名物　とろろ・名代　川魚料理」と肩書きされた「平八本店」の広告が掲載されている。
(38) 前掲、國分綾子『京都味しるべ』(新訂版)、一〇〇頁。
(39) 夏目金之助『漱石全集　第十九巻』岩波書店、一九九五年、二九八頁。
(40) 臼井喜之介『新編・京都味覚散歩〈京のガイド〉』白川書院、一九七〇年、三九九頁。
(41) 大久保恒次「上方味覚地図(6)八瀬大原は里の味」(『淡交』第十四巻第六号、一九六〇年)、四四-四六頁。引用は四六頁より。
(42) 柳田國男『明治大正史　世相篇　新装版』講談社学術文庫、二〇〇〇年、七七頁。
(43) 遠藤茂平編『京都名所案内図会』福井源次郎、一八八一年、廿丁。
(44) 『洛味』第七十五集、一九五八年、一〇一頁。
(45) 前掲、北大路魯山人『春夏秋冬　料理王国』、二三七頁。
(46) 『洛味』第二号、一九三五年、一九頁。
(47) 楳崎洙雀「どじょう料理」(『洛味』第六十五集、一九五七年)、九〇-九一頁。
(48) 井上甚之助「洛味繁昌記――京の食べもの　その七――」(『洛味』第七十五集、一九五八年)、九八－一〇一頁。引用は一〇〇頁より。

(49) フランク・ホーレー「すっぽん料理」(『改造』第十七巻第三号、一九三五年)、二九三－二九九頁。以下の引用もこのエッセーからである。

(50) 佐伯禎二「耽味遍路――大市すっぽん――」(『洛味』第一巻第二号、一九三五年)、三〇－三四頁。引用は三二頁より。

(51) 前掲、北大路魯山人『春夏秋冬　料理大国』、九六－九七頁。

(52) 前掲、北大路魯山人『春夏秋冬　料理大国』、一一〇頁。

(53) このあとに取り上げる鳥居本の平野屋には、「さかりの頃」になると「保津川の上流、宇津、和知、関、周山などから寄せられてくるあゆ」が集まり、「いいのを選んで大正のかかりころまで…〔略〕…瓢亭など京の名流料亭へ配達もし」ていた。その際、「あゆは天びんで振り分けた桶の水をチャブチャブと動かして活かして運んだ」という。國分綾子『京の女将たち　老舗の味を訪ねて』(柴田書店、一九八〇年)、一五六－一五七頁。

(54) 前掲、井上甚之助「洛味繁昌記――京の食べもの　その七――」、九八－九九頁。

(55) 前掲、井上甚之助「洛味繁昌記――京の食べもの　その七――」、九九頁。

(56) 水上勉『私版　京都図絵』福武文庫、一九八六年、一七四頁。

(57) 池波正太郎『散歩のとき何か食べたくなって』新潮文庫、一九八一年、二一三頁。

(58) 池波正太郎『江戸の味を食べたくなって』新潮文庫、二〇一〇年、五二頁。

(59) 『洛味』第二号、一九三五年。

(60) 山川美久味「味と気分を訪ねて(二)」(『洛味』第一巻第二号、一九三五年)、七五－八二頁。引用は七七頁より。

(61) 臼井喜之介『京都味覚散歩』白川書院、一九六三年（第五版）、二一四頁。
(62) 前掲、臼井喜之介『京都味覚散歩』（第五版）、二〇六頁。
(63) 原田與三松『売買ひとり案内』原田與三松、一八七八年。
(64) 加藤政洋『京の花街ものがたり』角川選書、二〇〇九年、第3章。
(65) 前掲、西村善七郎編『大京都』、七四-八〇頁。

第3章　江戸か関西か

いま京都のウナギ屋をみると有名店では、いづもや、三満寿、かねよ、舞坂、などの数店の外はいずれも江戸焼を看板とする店が多い(1)。

北野天満宮からほど近い北野商店街に、「品川フードプール」と称する市場型の商業施設がある。入り口に店をかまえるのは老舗の鎌田川魚店で(2)、「関西流鰻蒲焼」の看板を掲げる、うなぎの専門店である。少し遅い時間だと、「本日関西流　鰻蒲焼　売切れました」の小さい木札が立つ。

ここでいう「関西流」とは、ひろく一般には「大阪流」と呼ばれ、うなぎを「腹開き」にしてから、直焼《じか》きにする「地焼き」を指す。「背開き」にしたうなぎを白焼きにしてから、じっくりと蒸し上げたうえで、もういちど炙って仕上げる「江戸焼き」と対置される調理法だ。作家の林望は、関西流の蒲焼をその食感から「カリカリ鰻」と称した(3)。

現在の京都では、冒頭で引用した一文に示されるごとく（約六十年も前の文章であるのだけれども）、うなぎ料理屋の蒲焼は総じて江戸焼きといってよい。京都の江戸焼きの起源をたどると、「幕末の頃には京都でも江戸風のかば焼が看板にされた」という説があるものの(4)、固有名をもって京都の近代史にその名をはっきりと刻むのは、かつて《西石垣《さいせき》》に立地した「神田川」である。

1　京の江戸焼き「神田川」

（1）来歴をめぐる語り

「神田川」と聞けば、すぐに東京は神田の名店「明神下　神田川」を思い浮かべる読者も多いだろう。そう、実際のところ《西石垣》の神田川は「明神下」に由来していた。この点についても、臼井喜之介の説明が詳しい。


さて、江戸焼の老舗というと先ず、西石垣の「神田川」だろう。

明治十七年、もと群馬県の郡長であった宮田重固氏（主人の祖父）が、新潟県知事になるのをきらい、東京本郷根津の須賀町にて三千坪の神泉亭と温泉旅館を経営したが、神田明神下の神田川のあるじと話し合って、その神泉亭のうなぎやをはじめた。

明治二十七年京都博覧会が開かれたが、時の京都府知事中井弘（桜州）のすすめにより、当時京の地にはこの種の料理がなかつたので、四条南座の東となりに、江戸風うなぎの出張店を設けることになり、その後、京都人の好評を博し、博覧会の終つたあとも営業をつづけ翌二十八年に現在地に移転、いまに至つている。(5)

このような来歴をふまえて、《西石垣》の神田川は「京都における江戸焼うなぎの草分け」と位置づけられるのだが、第二段落の内容に関しては、昭和戦前期に次のような紹介記事もみられた。

今は故人となられた宮田重固氏が明治二十七年時の知事中井弘閣下のすゝめにより、京都に当時此種の料理がないので、四条南座の東隣に店舗を設け専ら純東京式鰻の料理を始め名も神田川と号せり。

爾来民衆に歓迎され翌二十八年に現所に移転し益々盛況を得今日に及んで居る。…〔略〕…三代目当主大竹深蔵氏は尚その暖簾の汚れぬ様天然鰻のみを使用し全然養殖鰻は使はなき処に人知れぬ努力をして居る。(6)

類似する語りは、ほかにもある。

もともと、ここの三代目の主人は群馬県の出身。同県山田郡で郡長をしていたのを見出されて、新潟県知事にバッテキされることになったのが明治十八年。しかし、その知事になるのをきらい、東京に出て根津須賀町で、料理旅館とうなぎ店神田川をはじめた（神田川は神田明神下が本家）。

十年たった明治二十七年、京都で博覧会が開かれたとき、友人だった京都府知事中井弘氏のすすめがあったのを機会に、京都南座横に神田川の出張店を出し、その翌年、現在の場所に移って本格的な店を構えた。

だから「京で江戸焼き七十年」というのが店の宣伝文句で、現在の主人大竹康夫さんは四代目。つまり京都の江戸風うなぎの草分けだ(7)。

ふたつのガイドブックに記されたエピソードを綜合すると、以下のように整理することができる。まず、京都における江戸焼きのさきがけ神田川（西石垣）は、現在も営業をつづける著名なうなぎ料理屋のひとつ「明神下　神田川」に由来するということ。

《西石垣》の初代は群馬県で郡長を務めたことのある宮田重固で、明治十七（一八八四）年ないし翌明治十八年、新潟県知事への栄転を敬遠して、東京本郷の根津須賀町に広大な敷地をもとめ、「神泉亭と温泉旅館を経営」した。そこにどういう縁があったのかはさだかでないものの、「明神下　神田川」主人と関わって「神泉亭」をうなぎ料理専門店に衣替えしたか、あるいは最初から蒲焼屋として開業していたらしい。

重要な情報をいくつか引き出すことはできるものの、これら伝聞調の語りには、あいまいな点も少なくない。ここで注目してみたいのは、神泉亭の立地（根津須賀町）である。明治東京の《根津》と聞いてすぐさま想起されるのは、のちに《新吉原》とならんで帝都を代表する遊廓へと発展した《洲崎》の前身ともいうべき、根津神社門前の遊廓にほかならない。
《根津》の歴史を掘り起こしてみると、群馬‐東京‐京都をむすぶ思わぬつながりがみえてくる。

(2) 根津遊廓の移転

昭和戦前期における花街(遊廓)のもっとも体系的なガイドブックである松川二郎『全国花街めぐり』(一九二九年)には、「洲崎」の項に次のような記載がある。

根津遊廓は慶応四年に設けられて以来其の時(明治二十一年《洲崎》への移転)迄今の根津八重垣町、同須賀町辺にあつたもので、今日も尚彼《あ》の附近には見返り橋、手取橋、黄昏橋、藍染(逢初)川等艶めいた名を遺してゐる。(8)

いわゆる「岡場所」として発展した《根津》は、幕末・維新期の混乱を経てなお存置されていたものの、「真上の西丘、躑躅ケ丘に連なる向ケ丘に、東京帝国大学」が立地するとともに、明治十七(一八八四)年から廃止が企図され、明治二十一年中におもだった妓楼は埋め立て地の新遊廓《洲崎》へと移転した。(9)
ポイントは《根津》きっての規模を誇った妓楼「大八幡楼《おおやわたろう》」の転用方針である。

根津の貸座敷八幡楼にてハ今度同所の取払ひに付き今、の建物、ハ、跡へ、残し、一、大温泉、となし、洲崎の埋立地へハまた別に新築して是までの業を営むに付き此ほど娼妓一同を呼び洲崎出稼ぎを望む者ハ新楼へ連れ行き少し年も更けて最《も》う厭だと云ふ者ハ廃業させて温泉の女中とせんと云渡せしにぞ皆悦んで何方《どッち》に仕ませうかと考へ中の由[10]

大八幡楼（文中の「八幡楼」）とは、岡場所を形成した《根津》の両側町をひとりはずれて、その敷地は根津神社の境内に位置していた。結論をさきどりするならば、引用文中にある「一大温泉」こそ、のちの神泉亭にほかならない。

そもそも神泉亭は、根津神社からもほど近い鶯谷に立地する明治十七年開業の鉱泉施設であった。

磯部温湯　今度上野新坂下鶯渓の奥深き閑雅幽邃の地を卜して上州碓氷郡磯部の炭酸含塩泉を引き一昨日開店をなしたる[11]

磯部温泉を名のるのは、上州の磯部温泉（鉱泉）から、中山道をつうじて泉水を運び込んでいたからだ[12]。この温浴施設――すなわち神泉亭――が《根津》の《洲崎》移転を機に、空き家となった旧妓楼の大八幡楼を転用するのである。

少し長くなるが、「移転開業広告」を引用しておこう。

うぐひす渓　いそべ温泉　移転開業広告

弊店儀大方御愛顧に依り繁昌仕手狭の仮屋にてハ日々御浴客を戸外より御断り申上恐入候間改築目論見中根津遊廓引払に付大八幡楼邸宅其儘譲り受け移転来る六日開業毎日新湯に致し候尚ほ旧に倍し御愛顧奉希候抑根津の地ハ大樹林立高燥優雅にして空気清く水吐き宜敷飲用水ハ府下最上等に位す　往古より脚気患者転地療養の名所たり東台を距る纔に二町許団子坂の菊不忍の蓮椎茸山の茸狩り皆近隣にありて四時遊覧に当り今般更に大弓場ブランコ釣堀方圓社出張所等を設け御退屈御運動場に供ふ夫れ昨日ハ熱蕩の花街たるも今日変じて閑静保養の域となし有効の霊泉に沐浴し新鮮の空気を呼吸し以て府下衛生の万一を補はんことを庶幾す但諸物価総て是迄の通り…〔略〕…

済生社甲号泉専売　東京根津躑躅ケ岡　いそべ温泉御宿　神泉亭[13]

《根津》に磯部温泉・神泉亭が開業したのは、明治二十一（一八八八）年十月六日のことだ[14]。この広告に表現された新・神泉亭とその周辺環境を整理してみよう。

すでに述べたとおり、神泉亭は根津遊廓移転後に残された大八幡楼を転用して開業した。東の根岸などからみれば高台に位置する根津は、空気清澄、水はけのよい高燥の地であり、ふるくから脚気の「転地療養の名所」としても知られていたようだ。

近傍にはそれぞれ菊人形と蓮の花で有名な団子坂と不忍池とがあって遊覧に適しているほか、「大弓場・ブランコ・釣り堀・方円社（囲碁団体）出張所」を設置して、利用者の慰安・娯楽に供した。近代期をつうじて近郊に開発される遊園地をさきどりするような跡地利用である。

広告主の表記についてみると、「甲号泉」とは鉱泉の種別を指し、「済生社」とは磯部鉱泉（磯部温泉・群馬県安中市）にあって鉱泉の販売もふくめてあまねく事業を統括した合資会社の名称である。(15)所在地に「躑躅《つつじ》ケ岡」とあるとおり、現在も根津神社境内西側の傾斜地に植栽されているつつじは有名だ。翌年の広告には「夏中府内にて閑静の処に遊ばんとする者ハ根津躑躅ケ岡の神泉亭に行くべし〔。〕同所ハ旧大八幡の跡にて磯部温泉に料理を兼ね園内広くして涼を取るに便なり」とあり、(16)当初は温泉（料理）旅館として営業していた。

この広告が掲載された翌月には、別紙に興味ぶかい記事があらわれる。

根津の景気　昨年遊廓が洲崎へ移転した後ハ俄かにひつそりかんとした根津の遊廓地跡も近来市区改正の影響にて少し景気を持ち直し殊に向暑以来大八幡楼後の磯部温泉へハ日々二百余名の浴客あり根津神社裏門側清水瀧鰻屋神田川へも相応の来客あるより大道講釈氷見世掛茶屋も沢山出来一昨日よりハ楊弓三戸芸者屋一戸開業せり猶此外に待合料理屋などを目論見居る者もある由なれバ定めて行々ハ元の繁華に復するなるべし(17)

遊廓の跡地が芸妓だけからなる純粋な花街として復活することはままあったが[18]、帝都近郊の遊園地として再興を企図された《根津》に「鰻屋神田川」が登場した。「都下の仙境　根津　神泉亭」と見出しのついた明治二十四（一八九一）年の広告も引用しておこう。

紅塵万丈の帝都内に在て別に一宴区を成し渾然仙境を画出する者ハ独り我が亭なり亭ハ清池之を繞らし緑山之を擁し神田川の美饌前にあり磯部八鹽の霊浴内に存す翠然の風光煥然の供具茲に君子の来遊を待　客室五十余　広間百三十畳[19]

前年の明治二十三年九月、神泉亭は百三十畳敷の大広間の設置をふくむ大規模な改修を終えている[20]。これらふたつの記事から明らかとなるのは、旧大八幡楼を転用した温浴施設である神泉亭の本館とはべつに、うなぎ料理（蒲焼）専門の神田川が立地したということである。

（3）宮田重固と磯部温泉

このようにみてくると、京都に進出した神田川の来歴をめぐる語りには、不確かな点と明らかな誤りとがあることに気づかされる。

鶯谷で神泉亭が開業したのは、明治十七年である。本節（1）で引用した語りのどちらも根津須賀町としている点、しかも後者は明治十八年となっているのは、誤りであろう。では、双方で新潟県知事「になるのをきら」ったと記される、宮田重固についてはどうか。

明治政府の公務員（官吏）を書き上げた名簿『官員録』を追跡してみると、(21)群馬県の項目には、たしかに宮田重固の氏名が記載されている。異同はあるものの、明治十一年七月までは「二等警部」の職位にあり、同年八月には県令（現在の県知事）と大書記官に次ぐ筆頭の官位に昇格した。氏名の上に「エヒメ」と記されていることから、愛媛県出身であったとおもわれる。

明治十二年一月の『官員録』によると、宮田は「西群馬片岡郡」の「郡長」に転身していた。明治十三年十一月の『官員録』には同じ職位にその名があるものの、同年十二月以降は群馬県の官員から宮田の名が消える。つまり元「郡長」という指摘は正しいが、「山田郡長」であったという事実は認められない。

すると、次のような仮説もなりたつだろうか。明治政府のもと、警察部門の地方官吏となった宮田重固は、県ナンバースリーの要職に昇りつめたのち片岡郡長へ異動となり、約二年の在任期間を終えて一線を退く。それから四年後の明治十七年に新潟県知事への栄転が打診されたものの、宮田はなぜか固辞して別の路を選択した。それが、鶯谷の神泉亭（磯部温泉）開業である。

このようにたどってくると、宮田重固が神泉亭を開くことのできた理由の一端もみえてくる。愛媛県出身でありながら、明治政府の地方官僚として活躍した彼は、群馬でキャリアを積んで一線を退いたのち、しばらくの間をおいて新潟県知事就任のはなしがもちあがる。ところが宮田は、官職に舞い戻ることなく、経営者としての余生を選んだのだ。明治前期の群馬行政にたずさわって知己をひろめていたにちがいない彼は、新興の鉱泉「磯部温泉」（なかんずく済生社）にも通じていたのではなかったか。そして明治十七年七月、鶯谷に神泉亭が開業する。

京都における宮田についての語りではごっちゃになっているけれども、すでにみたとおり、根津須賀町に神田川がオープンするのは明治二十二年ころのようだ。つまり宮田は、まず鶯谷で神泉亭を開業したのちに《根津》へと移転、その後、うなぎ料理の神田川（支店）を併設したと考えられる。

(4) 京都「神田川」の成立

繰り返すならば、本節（1）「来歴をめぐる語り」に示されたのは、明治二十七（一八九四）年、《根津》の神田川が京都へ進出したということである。ここに、その証左となる新聞広告があるので、全文を引用しておきたい。

西京へ出張店設置広告
御華主様方御勧めに従ひ京都四条西石垣へ出張店設置仕候紀年祭博覧会御遊覧の節ハ当本支店同様御愛顧奉希候
東京蒲焼　神田明神下・根津神社前　神田川　本店・支店
凱旋羹　乗取汁　東京根津　神泉亭(22)

これは、明治二十七年の『讀賣新聞』に掲載された広告である。最終行は、「凱旋」に「乗取」と、日清間の開戦直後だけにナショナリズム丸出しのメニゥであるが、その一行前にはっきりと示されるのは、根津「神泉亭」の蒲焼屋は、れっきとした「神田明神下　神田川」の支店であったということだ。さらに注目すべきは、「京都四条西石垣へ出張店設置仕候紀年祭博覧会御遊覧の節ハ……」という一文に含まれる、出店の場所・タイミングにまつわる情報である。

まず、この一文の後半に着目してみよう。「紀年祭」と「博覧会」とが意味するところは明確である――平安遷都千百年、そして第四回内国勧業博覧会。神田川が京都へ進出したのは、明治二十七（一八九四）年十一月であった。それは、京都府知事・中井弘（桜州）の勧誘であるという。彼の任期は明治二十六年十一月から翌二十七年十月だったので、十分に考えられることだ。

だが、博覧会の会期は、翌二十八年の四月一日から七月三十一日で、紀念祭は四月三十日に予定されていたことから（実際は十月に延期）、ふたつのガイドブックの来歴をめぐる記載は誤りである。そしてもうひとつ、「四条南座の東となりに…〔略〕…出張店を設け…〔略〕…翌二十八年に現在地に移転」という語りも。

「京都四条西石垣へ出張店」という新聞広告の説明は、四条通と西石垣の双方に出張店を設けたと読むことができるし――その場合、前者が南座横――、少なくともこの段階で西石垣へ出店していることもまちがいない。事実、明治二十七年十二月発行のガイドブック『京都案内都百種』には、「東京蒲焼　西石垣四条下ル　神田川」と掲載されている[23]。二か所で営業していたとしても、内国博の終了後、《西石垣》に経営を一本化して、京都に定着したとみるべきではあるまいか。

近代京都における江戸焼きのうなぎは、《根津》に由来する神田川とともにはじまった。《根津》の神泉亭がその後どうなったかは、とんとわからない。

2 東京とのつながり

(1) 新橋梅の井

京都における江戸焼きの受容をふりかえるうえで、神田川とならんで忘れてならないのが、現在は円山公園の北林に店を構える「ぎをん梅の井」である。「東京新橋の梅の井で修行して帰った初代が、大正八年に、上に『ぎをん』とつけた同名の店を開いた」というように[24]、ここもまた焼き方と店名の双方において東京の蒲焼屋にルーツをもつ。昭和初年の時点で、東京市には三軒の「梅の井」があったが[25]、新橋というので、芝区芝口町一丁目（現・港区新橋一丁目）に立地した店で修業したのだろう。

芝口町一丁目の梅の井は明治前期から営業していたようなのだが、「ぎをん梅の井」初代の修業先となったのは、明治二十九（一八九六）年六月、既存の店舗・店名をそのまま引き継ぎ「蒲焼専業」として開業した林田豊吉という人物の店であったと考えられる。(26) 市区改正にともない店舗を新築してからは「新ばし　梅の井」を名のるようになり、赤坂田町にも支店を出したり、本店も大規模に拡張するなど、なかなかにはぶりはよかったようだ。

ところで、さきほどの引用文中にもあるとおり、昭和後半のガイドブックは「ぎをん梅の井」の創業をそろって大正八年としているのだが、同店のウェブサイトには大正三（一九一四）年とある。(27) また、当初から「ぎをん」と冠していたかは資料のうえで確認が取れないものの、次のような説明を読むと、ひとつの解釈がなりたつようにおもわれる。

…〔略〕…先代は、そのむかし東京の新橋にあった梅の井で腕をみがき、初めは南座の近くに店をもち、芝居を見にくる客を相手に味をうたわれ、評判をかちえた。

その後、祇園町の中の、現在地へ移つたが、何しろこの辺の客は、口のやかましい仁が多く、いつそう料理や調理に力を入れて、名声をおとさぬよう努めているという。(28)

つまり、南座の近傍で開業したのが大正三年、評判をとって「祇園町の中の、現在地」へ、すなわち大和大路四条上ル（縄手通）に移転したのが大正八年である、と。また実際には《祇園町》ではないのだけれども、《祇園新地》の縁《へり》にあたる縄手通に立地したことから、「ぎをん」としたのだ、と。縄手通の老舗で「祇園」を名のる例はほかになく、最初から冠していたのであれば、かなりめずらしいケースとなるのだが、当時の広告をみても「ぎをん」とは記されていない。

南座の近傍というからには、そこはかつて神田川の立地した場所でもあった。神田川が川向こうとはいえ《先斗町》の地先となる《西石垣》に、そして梅の井が《祇園新地》の縁辺に移動したことをおもえば、どちらも花街周辺の立地を選好したことになる。「明神下　神田川」が《講武所》芸者の出先となり、「新ばし　梅の井」が新橋花街の近傍であったことをおもえば、いっそう興味ぶかいものがある。

(2) 京名物の創出

大和大路の三条-四条間、すなわち縄手通は《西石垣》とならんで近代京都を代表する料理屋街であった。明治期には「加茂川を差挟んで、先斗町と縄手には、川魚専門の料理屋が幾軒もあ」り、美濃吉、美濃庄、魚新、ちりれんげのほか[29]、川魚問屋の「かね正」も立地していた。

戦後、平安神宮前の広道へ移転した美濃吉(竹茂楼)をのぞくと、縄手通に川魚料理屋はひとつとしてなくなってしまうなかで、かね正だけがむかしと変わらぬ商家のたたずまいで営業をつづけている。かね正の初代は隣国近江の大津出身で、慶応年間に現在地へ移ってきたといい、「ひところは京都のみならず、大阪方面にも手をひろげ、大阪の有名なうなぎ屋、柴藤やいづもやへも魚を入れていた[30]」。かつて店の西側(現在の川端通とのあいだ)を流れていた琵琶湖疏水にボートを繋留して網を張り、そこに川魚を放していた、というのはいまでも地元で聞かれる話である。

このかね正を川魚一般の問屋というよりも、うなぎ屋として有名にした出来事がある。それは、二代目による「お茶漬鰻」の商品化であった。「開発のきっかけは、蒲焼きにするには大きさが足りない小さめの鰻を有効利用するためであったという」のだが[31]、また別様のじつに興味ぶかいエピソードも残されている。

先代は、うなぎを通じて、作家の村上浪六、東京のうなぎの老舗重箱の老主人、同じく六本木の大和田の老主人などと親しく、「京都にはうなぎを主にした名物がないね」といわれて発奮、いろいろ夫婦で考えた末、茶漬うなぎを考え出し、三人の鰻友に試食させた所、これはいいというので、一般に売り出したという。

これは鰻のうち、ビリといわれる四十糎前後のものを、関東風に背びらきにしてから一度白焼にし、味醂や醬油を入れて幾時間も煮たもので、いくつも醬油を合して、何ともいえない風味を出している。うなぎのような脂こいものが、茶漬にあうか、とふしぎに思うが、じつさい上等の煎茶をかけてお茶漬にするとうまい[32]。

人気作家の村上浪六《むらかみなみろく》（一八六五〜一九四四）、山谷の老舗である重箱（浅草区山谷町一九）の主人、そして東京市内にいくつも暖簾を出していた大和田のうち六本木（麻布区六本木町一九）の主人を

「鰻友」とした二代目が、彼らの嫌味ともつかない挑発にのって名物「お茶漬うなぎ」をうみだしたというのだ。

うなぎをつうじた東京との関わりは、おもいのほかふかい。

3　蒲焼の相剋

京都では、梅の井（縄手）と神田川が江戸焼であり、みの吉（縄手）、みの庄（御所前）なども鰻をやる。[33]

（1）東京流ではなく、関西流でもなく

本章の冒頭で引用した文章（「いづもや、三満寿、かねよ、舞坂、などの数店の外はいずれも江戸焼を看板とする店が多い」）に示されるとおり、[34]神田川と梅の井にはじまる東京流の蒲焼は、京都にすっかり定着した感がある。

昭和戦前期の電話帳をひくと、「梅乃井本店」（縄手通）・「梅乃井支店」（柳馬場姉小路上ル）はともに「東京鰻蒲焼料理」であるし、「出雲屋　円山支店」（円山公園北林）は「東京鰻川魚料理」とかかげている。[35]現在、《先斗町》に店をひらく「いづもや」も江戸焼きだ。[36]《新京極》のはずれで営業をつづける「かねよ」も、いまや江戸焼きである。宗旨替えをした店もあいまって、定着

どころか主流になったというほうが適切かもしれない。
しかしながら、戦後の京都には独自のみちを切り拓く専門店もあらわれた。「松乃」と「舞坂」である。ここでも蒲焼好きの井上甚之助に語ってもらおう。

南座の前を祇園へ向って歩いて四軒目、民芸調のガッチリした表構えの店がある。これが鰻の「松乃」――狭い入口の左側が調理場になっていて、鰻を焼いている職人の姿が、通りすがりによく見える。そしてその調理場の人達に立ちまじって、同じ白い仕事着を着込んだ、背の高い女性が、時折、甲斐甲斐しく動いているのを見かけることがある。この人がこの店の女あるじなのだが、女の細腕一本で、今日の「松乃」を築き上げた努力の人であることを知っている人は少ないと思う。

「松乃」は昭和十五年の創業、最初は「そばや」だったのだが、「にしんそば」で有名な「松葉」を、弟さんが近くで経営している関係上、同じ「そばや」を続けて行くのもどうかと思い、あれこれ研究した揚句、昭和二十八年十月に「鰻屋」として新しく発足した。(37)

「にしんそば」の発明で有名な「松葉」とも関係の深い「松乃」。昭和十五（一九四〇）年に開業し、アジア太平洋戦争末期に松葉が南座の保全を目的に建物を除去する「強制疎開」にあってからは、松乃に店を移して営業したという。松葉が昭和二十六年にもとの土地区画で鉄筋コンクリート四階建ての新店舗を再開すると、いったん「甘党の店」となった松乃は昭和二十八（一九五三）年秋にうなぎ料理の専門店として再出発したのだった。[38]

昭和四十八（一九七三）年に井上甚之助が死去したあと、『京都味覚地図』の続版で「松乃」の項目を書き継いだ國分綾子は「江戸焼きでも関西風でもない、うまい特徴をとり集めた自称『松乃流』のやり方で店を開けた」と指摘する。[39]実際、現在の松乃のウェブサイトには、「蒸し」をくわえて「江戸風・京都風にとらわれない、松乃独自の『焼き』」でしあげているとある。[40]

京都にあって戦後派の蒲焼は、東西の調理法を上手に折衷していたようだ。井上甚之助が松乃を取材した当時、松乃の「鰻は浜名湖の一本撰りの良魚を舞坂《ママ》から直接引い」ていた。[41]正確な地名表記は舞阪であるのだが、その地名にちなむうなぎ屋が松乃と同じく昭和二十年代に誕生した。木屋町六角の「舞坂」である。

経営者は花遊小路の「江戸川」から独立したというので、江戸焼きになじんでいたはずなのだが、開店にあたって独自の焼き方をあみだす。

> ここのうなぎは、京焼ともいうべきもので、一般の関西焼とちょっと違っている。普通なら初めの白焼で十分に焼き、タレをつけてからは余り焼かないが、舞坂では、初めは薄焼にしておき、タレをつけてから十分に焼いて仕上げる。[42]

木屋町六角、もう少し正確にいうと高瀬川右岸の北車屋町に立地した舞坂は、夜の街と化した《木屋町》の中心にあったことになる。それゆえ、営業時間は午後三時からあくる日の午前三時までであった。つまりランチ営業はない――「河原町六角と第二京極の入口に支店があり、昼のお客さまはそちらへどうぞ、そして一杯のんで夜おそくなった時は、本店の方へ」というわけだ。

京都に江戸焼きをもたらした神田川や梅の井の立地したかもしれない南座横、そして「夜の街」の中心に、東京流でも関西流でもない戦後派の蒲焼が生まれたことは、京都の蒲焼史におけるひとつの画期をなしたといえるかもしれない。

(2) 〆の鰻

さて、いまいちど本節冒頭の引用文にたちかえってみよう。神田川と梅の井についてはすでにみたが、京都旧来の料理屋である美濃吉・美濃庄なども「鰻をやる」というのは、東京でいうところの蒲焼屋（うなぎ専門店）ではなく、川魚料理屋でうなぎが供されたことを意味している。第2章でみたとおり、美濃庄はどじょうの専門店であった。

しらべてみると、京都ではその名を知られる著名な料理屋でも、かつては蒲焼を出していたことに驚かされる。

料理代は一人前二圓として注文せり、其の品々は此家の名代なるすつぽんの汁、鰻の蒲焼、

いり鳥、刺身の四品なりき

これは、國木田獨歩の「西京料理素人評」からの引用である。(43) この一文を読んだだけで、料理屋の名前を当てることのできる人はいないだろう。だが、「此店の煮ぬきの鶏卵は、非常なる評判物に候」という一文を読めばどうだろう。そう、これは「瓢亭の料理」評の一部なのだ。

「鰻の蒲焼」は其幅五寸ばかりの大物なりしため、脂肪《あぶら》多きに過ぎ、最上とは申難く、殊に東京にては、鰻を背より割いて開き、背骨と共に鰭《ひれ》の小骨をも取去るが故に、更に骨あるを覚経ず候得共、当地にては、鰻を腹より開《さ》き、背骨を取去るのみにて、鰭の小骨を取去ることなし、故に大物に至つては、人をして骨あるを覚へしむ、鰻の割き方に於ては、蓋し東京を勝れりとす、且つ鰻の皮甚だ硬くして、東京の如く軟かならず、是亦た一つの欠点なり、同行の東京客は、此料理も亦た鹹《から》きに過ぎ、食ふに堪へずとて批難せり、小生は左程に思はざりしかども、唯だ鰻の硬《こは》き皮には閉口し、肉のみ食し候程なり、若し中筋のものならんには、斯程の欠点は見へ間敷にと存候、斯る調理法なるが故に、上方にて注文する鰻は中串以下を可とす、大物を避くるに如かず(44)

現在、瓢亭の評価が揺らぐことはないものの、蒲焼に関しては獨歩の口にあわなかったようだ。

東京人も「瓢亭の料理」をいちどは食べておくべきと評した谷崎潤一郎の感想はいかなるものだったのだろうか……。

獨歩の評に対して、京都に生まれ育ち「『瓢亭』『つる家』『ちもと』あたりが、京都では第一流の料亭」であると認めて料理（屋）に一家言をもつグルマン井上甚之助もまた、「鰻の話が出て書き漏らすことの出来ないのは、三条縄手の『かね正』の『お茶漬鰻』であらう」としながらも、蒲焼にも紙幅を割く。(45)

岡崎の「つる家」の料理は、いつ訪れてみても安心して食べられる。味付けの濃淡が適度で、どちらかと言ふと少し濃いめだが、どの料理も一応堪能させてくれる。そしていつも不思議に思ふことは一番おしまひに出る鰻の蒲焼が、存外うまいといふことである。いい加減に飲み食ひしたあとの鰻の蒲焼では、聞くだけでも見るだけでもウンザリするものだが、食ひしん坊の私は、いつもそれを楽しみにして、綺麗に平げるのを常としてゐる。それほどここの鰻の味は捨て難い。(46)

井上は、山端の「平八茶屋」でも「最後にきまつて出て来る分厚い鰻の蒲焼が待ち遠しかつた」と、幼少期を回顧している。(47)京都の料理屋には、料理のメに蒲焼を出す慣習でもあったのだろうか。

その井上が「東京の『小満津』の鰻のやうな本物の味には遠く及ばないとしても、私は私なりに、京都では『梅の井』の鰻を賞味してゐる[48]」として京の江戸焼きも好んだ一方、同じく「蒲焼の本場の東京では『小満津』の味が、印象にのこっている」とふりかえる井口海仙は、

> ……〔略〕……北大路魯山人は、その著書「料理王国」（淡交新社刊）で「鰻の焼き方は、地方の直焼、東京の蒸焼があるが、これは一も二もなく東京の蒸焼が良い。」とあるが、私は京都っ子の関係か、本当は天然鰻の直焼の方が、うまいような気がする。
> 今年も、やがて土用の丑が来る。
> 八瀬の「平八茶屋」へでも行って、天然鰻の直焼を食べてみたいと思っている[49]。

と述べて、川魚料理屋の関西流蒲焼を好んだのだった。
味覚は人それぞれ、ということか。わたしたち筆者二人の蒲焼の好みも見事に相違している。

注

（1）臼井喜之介『京都味覚散歩』白川書院、一九六二年（第五版）、一七一頁。
（2）主として料理屋ばかりを紹介する臼井喜之介が『新編　京都味覚散歩』（白川書院、一九七〇年）では、「京焼うなぎのうまい蒲焼の店として、中立売七本松西入南側『品川フードセンター《ママ》』の『鎌田』という鰻屋の評判が高い」と付記していた（四八三頁）。

（3）林望「（作家の口福）カリカリ鰻」（『朝日新聞』二〇一九年一月五日）。
（4）日本風俗史学会編『図説　江戸時代食生活事典（新装版）』雄山閣出版、一九九六年、三三一頁。
（5）臼井喜之介『京都味覚散歩』白川書院、一九六二年（初版）、一六四頁。
（6）関西名勝史蹟調査会（小巻彰一）編『（もつとも解り易い）大京都市観光案内』（関西名勝史蹟調査会、一九三二年）の附録「大京都名物名産著名商店紹介沿革誌」より引用。
（7）藤沢桓夫・北野栄三『京都大阪神戸３００円味の店』有紀書房、一九六六年、一二〇－一二二頁。
（8）松川二郎『全国花街めぐり』誠文堂、一九二九年、一二〇頁。
（9）磯部鎮雄『根津遊廓昌記』江戸町名俚俗研究会（復刻版、カストリ出版、二〇一七年）、一一－一二頁。
（10）『讀賣新聞』明治二十年八月十日。ただし、のちには「娼妓あがり抔といふばかりでなく美しき婦女を置きたいと鄭重に内外の貴客を接待し東京第一の温泉とする計画」も報じられている（『讀賣新聞』明治二十年十一月二日）。
（11）『讀賣新聞』明治十七年七月八日。
（12）『讀賣新聞』明治十七年九月二十五日、明治十九年九月十六日。
（13）『東京朝日新聞』明治二十一年十月三日。
（14）『讀賣新聞』・『東京朝日新聞』明治二十一年十月六日。
（15）堀口精一編『上州磯部温泉案内』堀口精一、一八八九年、一三－一四頁。
（16）『讀賣新聞』明治二十二年七月六日。
（17）『東京朝日新聞』明治二十二年八月十八日。

(18) 加藤政洋『花街　異空間の都市史』朝日選書、二〇〇五年。
(19)『讀賣新聞』明治二十四年四月四日。
(20)『東京朝日新聞』明治二十三年九月二十一日。
(21) 以下の『官員録』を参照されたい。西村隼太郎編『官員録　明治九年九月』西村組出版局、日暮忠誠編『官員録　明治十年十二月』拡隆舍、大崎善四郎編『明治官員録　明治十一年八月』矢島百太郎・彦根正三編『改正官員録　明治十二年一月』博公書院など。
(22)『讀賣新聞』明治二十七年十一月十八日。
(23) 辻本治三郎編『京都案内都百種（増補二版）』尚徳館、一八九四年、二〇八頁。
(24) 國分綾子「ぎをん梅の井」（創元社編集部編『京都味覚地図　1975年版』創元社、一九七五年、六四-六五頁。
(25) 入江幹蔵『鰻通』四六書院、一九三〇年、一三九-一四九頁。
(26)『東京朝日新聞』明治二十九年六月五日。
(27) ぎをん梅の井ウェブサイト（https://umenoi.jp/）、最終閲覧日二〇二〇年三月一四日。國分綾子による別のガイドブック（『続・カメラ　京味百選』淡交新社、一九六四年、六二-六三頁）ならびに前掲の臼井喜之介『京都味覚散歩』（初版、一六八-一六九頁）でも、計算上は大正八年となる。
(28) 前掲、臼井喜之介『京都味覚散歩』（初版）、一六八-一六九頁。
(29) 堂本寒星「明治の頃の京料理屋」（『洛味』第百集、一九六〇年）、三四-三六頁。
(30) 前掲、臼井喜之介『京都味覚散歩』（初版）、一六六-一六七頁。
(31) 京名物百味会ウェブサイト（http://www.kyomeibutuhyakumikai.jp/shop/kanemasa.html）、最終

閲覧日二〇二〇年四月一一日。
（32）前掲、臼井喜之介『京都味覚散歩』（初版）、一六六‐一六七頁。
（33）前掲、入江幹蔵『鰻通』、一五一頁。
（34）前掲、臼井喜之介『京都味覚散歩』（第五版）、一七一頁。
（35）京都中央電話局編『京都市電話番号簿』京都中央電話局、一九三八年。
（36）前掲の『新編　京都味覚散歩』では、「新京極錦の『いづもや』はここのもとの風格を保ち、京風の蒲焼をたべさせ」ていたというが（二一三頁）、いまはもうない。
（37）井上甚之助「松乃〈うなぎ〉」（創元社編集部編『京都味覚地図　1969年版』創元社、一九六八年）、五八‐五九頁。引用は五八頁より。
（38）この記述は以下を参考にしている。前掲、臼井喜之介『京都味覚散歩』（初版）、一七二‐一七三頁。「総本家にしんそば　松葉」ウェブサイト「松葉について・沿革」（http://www.sobamatsuba.co.jp/about/index.html）、最終閲覧日二〇二〇年四月一四日。
（39）國分綾子「松乃」（創元社編集部編『京都味覚地図　1975年版』創元社、一九七五年）、八八‐八九頁。
（40）松乃ウェブサイト（https://unagi-matsuno.com/about/）、最終閲覧日二〇二一年八月一六日。
（41）前掲、井上甚之助「松乃〈うなぎ〉」、五九頁。
（42）前掲、臼井喜之介『京都味覚散歩』（初版）、一七〇頁。
（43）國木田獨歩「西京料理素人評」（『國木田獨歩全集　第九巻』学習研究社、一九六六年）、六九〇‐六九五頁。引用は六九〇頁より。

(44) 前掲、國木田獨歩「西京料理素人評」、六九一頁。
(45) 井上甚之助「洛味繁昌記——京の食べもの　その二——」(『洛味』第七十集、一九五七年)、六二一―六五頁。引用は六五頁より。
(46) 井上甚之助「洛味繁昌記——京の食べもの　その十——」(『洛味』第七十八集、一九五八年)、一〇二―一〇五頁。引用は一〇二頁より。
(47) 前掲、井上甚之助「洛味繁昌記——京の食べもの　その二——」、六四頁。
(48) 前掲、井上甚之助「洛味繁昌記——京の食べもの　その二——」、六五頁。
(49) 井口海仙「うなぎ」(『淡交』第十四巻第七号、一九六〇年)、八五頁。

第4章　とり鍋の近代

1　谷崎潤一郎と花見小路の「とり料理」

春雨のしよぼ〳〵と降りしきる日の夕方、上田先生から招待されて、私は長田君と一緒に、南禅寺境内の瓢亭へ、俥を走らせた。…〔略〕…

地味な二子の綿入を着た、若い女中に導かれて、雨垂れのぽたぽた落ちる母屋の庇に身を倚せかけつゝ、裏庭へ廻れば京都の茶屋に有りがちな「入金」式の家の造り、成る程此処が瓢亭だなと、漸う合点が行く。(1)

(1) 向島「入金」のような

明治四十五（一九一二）年四月、谷崎潤一郎が長田幹彦とともに上田敏に招かれた瓢亭で美酒に酔い痴れたことは、第2章で述べたとおりである。雇った人力車が「見すぼらしい、焼芋屋のやうな家の軒先」に停車したことから、彼は「大方車夫が蠟燭か草鞋でも買ふ」ものと思っていたところ、そこが瓢亭の表口であると知り、いささか戸惑いつつも奥に通されて得心するシーンなのであった。

瓢亭を「『入金』式」と呼ぶのは、東京は向島にあって「明治時代の通人粋客の間に知られてゐた(2)」という著名な料理屋、すなわち「入金」をほうふつとさせる「家の造り」をしていたからにほかならない。

…〔略〕…碧松緑竹参差したる中に小棲短亭、布置の妙を盡して、花晨《かしん》月夕、貴紳、雅客の清遊に適し、料理兼旅館、大小二十有余の客室は悉く泉石庭樹の間に点綴《てんてつ》して静閑、幽雅寔《まこと》に江東随一の楽園である…〔略〕…(3)

入金は明治四十一年ころに創業した料理屋で、経営者の入山金子（通称きん）は、築地三丁目の料亭「新喜楽」の伊藤きん、そして浜町の料亭「岡田」の岡田きんと並び称される名物女将であった(4)。デビューからまもない新進気鋭の小説家である二十代前半の谷崎も、向島の入金を訪れていたのだろう。なにしろ初めての京都であったから、料理屋の造りについても、東京との比較で語るほかはない。

「京都の茶屋に有りがち」と観察してはいるものの、《先斗町》にしても《祇園町》にしても、お茶屋は軒を並べる「京町家」のため、「客室は悉く泉石庭樹の間に点綴」するといったようなことはまずない。じつのところ彼は、瓢亭よりも先に訪れていたある料理屋を念頭において、「有りがちな『入金』式」と説明したのだ。その料理屋とは、地元京都の粋人にいざなわれて「とり鍋」をつついた、祇園町南側（花見小路）の料理屋「菊水」である。

（2）「とり鍋」とはなにか

「三条通の旅館萬屋の若旦那――金子さんに連れられて、夕方から花見小路の菊水と云ふ鳥料理を喰べに行つた」ことを「朱雀日記」に記した谷崎自身が、そのときの様子を後年次のように回想している。

…〔略〕…今ではあの菊水の近所に茶屋や置屋が一杯に建て込んでしまつたけれども、当時は閑静な原つぱのやうな所にあの鳥屋が一軒だけ、ぽつんと建つてゐたやうに覚えてゐる。…〔略〕…ちやうどあの時分が花見小路の開けかけた時であつたかも知れない。まだ重なお茶屋は大概四条通りの北、新橋方面にあつて、たゞ万亭が今と同じ所、花見小路の曲り角にあつたのを記憶する…〔略〕…。(5)

このように、当時の祇園町南側一帯は開発途上にあった。明治四十五年春の四条通は、拡幅と市電の敷設を同時に施工する「拡築」がなされており、この工事にあわせて四条通ならびに縄手通に面した「貸座敷」（＝お茶屋）の営業が禁じられたことから、(6)大正期をつうじて祇園町南側へのお茶屋の移転や新規の開業があいつぎ、現在につらなる花街の景観を形成するところとなる。「鳥料理」の菊水は、少なくとも料理屋としては祇園町南側の草分けといってよいだろう。

このときも長田幹彦らと一緒に訪れていた谷崎は、

菊水と云へば、人形町の鳥屋を想ひ出すが、家の造りは大分趣を異にして居る。飛び石伝ひに植込みの中を分て奥庭の方へ入ると、さゝやかな池の汀《みぎわ》に向嶋の『入金』のやうな小座敷が二つ三つ、青葉がくれに見えて居る。

と、同じ店名の「鳥屋」を引き合いに出す。現在の人形町三丁目にふくまれる（旧）新和泉町に立地した「菊水」（京都魚鳥料理）であろうか。(7) そして、茶室のように分立する小座敷のさまをみて、向島の入金を想起したのだ。

京都花街に通じる人物の案内だけに、この夜は「鳥料理」にとどまらない趣向も用意されていた。

…〔略〕…薄曇りのした、いやに蒸し暑い晩で、一同代る〳〵団扇をつかひながら、鍋を取り巻いて、杯をかはす。酒も鳥も中々結構である。

「今晩は、大きに……」

と、可愛らしい挨拶をして、帯を猫ぢやらしに結んだ祇園の舞子が入つて来る〔。〕つづいて藝子が二人。

「あんたはん、此れは何どすえ。」

と鉄鍋を焜爐から外すのに用ゐる金具を拾ひ上げて、舞子が不審がる。

「あ、さうどすか。そんなら斯うやるのどすか。私にやらせてお呉れやす。」

かう云つて、不思議さうに、何度も鍋を懸けたり、外したりして見る。年を尋ねると、

「十三どすえ。」

と、大人しく頭を垂れて、舞扇の要をいぢくつてゐる。(8)

宴席には芸舞妓まで侍り、一同は舞妓をつうじた東西花街文化論に花を咲かせる。その後、四条通を挟んだ北側の新橋へと河岸をかえた谷崎はよりいっそうディープなお座敷を体験することになるのだが、ここで注目しておきたいのは、もちろん「鳥料理」のほうだ。

入金のような菊水の小座敷に陣取り、「鍋」を囲んで「鳥料理」を賞味した谷崎は、「酒も鳥も中々結構である」と満足げな様子である。舞妓とのやりとりをつうじて、鍋が「鉄鍋」であったこともわかる。

では、団扇でかわるがわる仰ぎながらつつく「とり鍋」とは、いったいどのような料理であったのだろうか。

鶏鍋は京都の三條寺町にある「鳥新」がいゝ。「鳥新」では兎の肉を使ふと云ふ評判がある

が、それはあんまり繁盛するから嫉まれるのだ。あんなに安くてあんなに旨ければ繁盛するのは當然である。[9]

2　「わ」か「ひる」か

大正後期に谷崎は「上方の食ひもの」を論じるなかで、特定の店舗を例にあげて紹介したのだが、またしても「とり鍋」である。辛口の評論家・谷崎を納得させたことは措くとしても、鶏肉を主たる具材とした鍋料理の内実は不明のままだ。そこで、明治前期にまでさかのぼって、料理屋のメニゥを検討してみることにしよう。

(1) 看板メニゥ

明治十六（一八八三）年の商工業案内書『都の魁』に掲載された「料理商」の項目には、当時の京都を代表する料理屋が登場する。[10] たとえば、「三条大橋西北詰　う越《を》藤」をみると（図4-1）、誇張気味に描かれた巨大な三層楼の料理屋の向かいにも、「海川魚」の看板を掲げた料理屋がある。この店から飛び出る竿先の提灯には、「ひる　かしわ」の文字をみることができるだろう。図幅の左上では「かしハ」だが、提灯の字は「王」の崩し字の「わ」である。

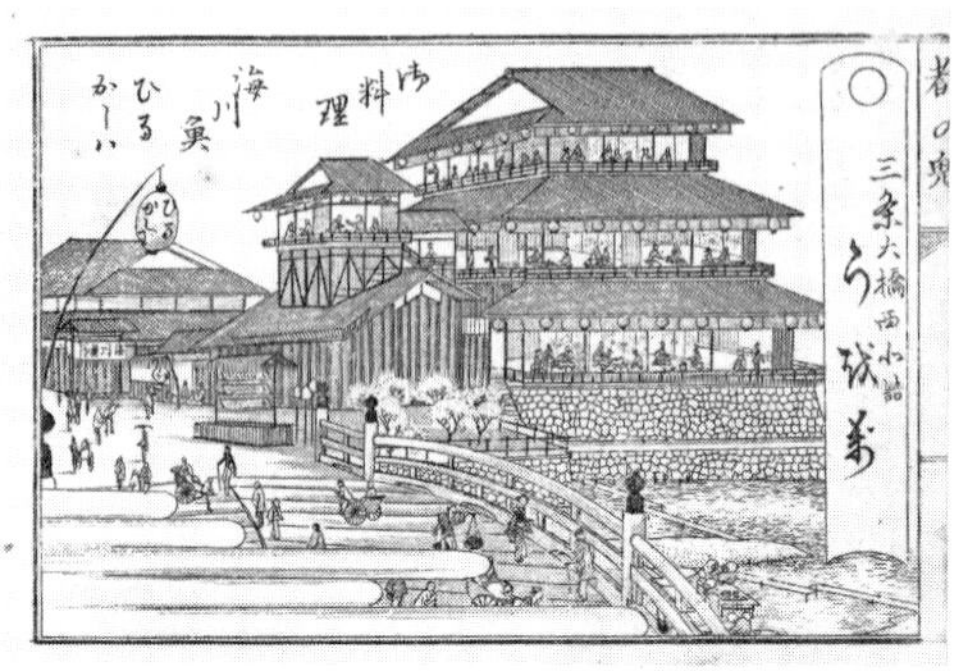

図4-1　三条大橋西北詰 う越藤

『都の魁』の料理商部門では、この「かしわ　ひる」の組み合わせがじつに多くみられる。「千本通今出川下ル町」の「三嶋や」も、「海川料理」とならんで「会席」に「かしハ　ひる」と記されていた。「かしわ」は現在でも使われている鶏肉の呼び方であるが、「ひる」とは何であろうか。答えはもったいをつけて先に送り、ここではもう一枚だけ「新京極錦上ル」の「鳥豊」をみておきたい（図4-2）。

大きく掲げられた品書きに注目してみよう。右から読んでいくと、

ひる　かしわ　うなぎ　満ぶし
茶はんむし　巻玉子　うまき　どじょう
鯉ふな　御酒　御ぜん

とある。「満ぶし（まぶし）」とは京阪で「鰻めし」を指す。次いで、茶碗蒸し、巻玉子（「だし巻き」か）に「う巻き」

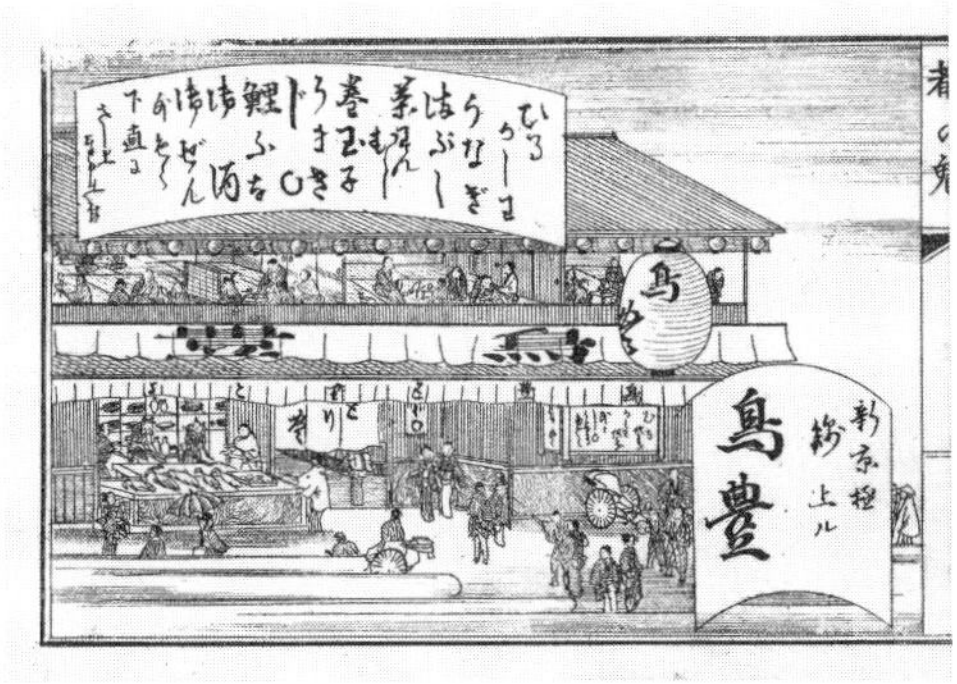

図4－2　新京極錦上ル 鳥豊

と、たまご料理がつづく。さらには鰌・鯉・鮒と川魚だ。

しかしながら、品書きの筆頭には、またしても「ひる」と「かしわ」とがならぶ。「ひる」はともかく、鳥（かしわ）料理と川魚料理とを供するのが明治京都における料理屋の特色であったらしい。

(2) かしわ屋の無精箱

明治京都のナイトライフの手引書に、「かしわ屋」の説明をみつけた。興味ぶかい内容がつづくので、少し長くなるけれども、段落にわけて引用しておきたい[11]。

> 東京でいふ「志やも屋」即ち是れである、祇園町附近、先斗町界隈を主なる部分として、至る所これあらざるはなしである。で、其中の尤なるものに就いて、一寸模様を書いて見やうならば、まづ半暖簾をくぐつて、一間の漆喰《たたき》、拭き込んだ式台に額《ぬか》着いた仲居に案内されて、ずつと通つた一と間の裡、電燈

の光闇《こうあん》をかくして、たゞ見る、一間置床には一大花瓶に蕾ながらの椿かなにかを、何流とかいふやつに挿れ、や、古色の蒼然たらむとする、怪しげな一軸、それに出所甚だ分明ならざる香爐かなにか、料紙硯とまでは行届かないが、まづ体裁は一通り。

明治の京都にあっては、東京の「しゃも屋」に類する料理屋のジャンルとして、「かしわ屋」の成立していたことがわかる。花街である《祇園町》や《先斗町》を中心に、「至る所これあらざるはなし」というほどに、ひろがりをみせていた。

そのあとの描写からは、町家を転用した料理屋のしつらえがよく伝わってくるのだが、部屋に通された客は、ひとつの選択を迫られる。

扨《さて》仲居が侑《すす》むる坐蒲団に、撑乎《どっか》とばかり、席定まつて後、何に致しませう?、とおいでなさる、わに致しませうか、るに致しませうか、といふので、所謂「お上りさん」（京見物に各地から来るものを一般にかういふので）ならざるも、もの慣れぬものは、一寸面を喰《くら》はざるを得ない、これは一体何んの事かといふと、わとは即ちかしわの略語で、るとはあひる即ち京都でいふるの代名詞である。

この記述によって、『都の魁』の店舗案内に描かれた看板や提灯にある「かしわ　ひる」の意味を、ようやく解することができるだろう。「明治時代まで、大阪のかしわ屋には『ひる・かしわ』と書いた行燈がかかっていた(12)」、あるいは「関西の鳥屋では『ひる、かしわ』と看板のあんどんにしるしていたもので、『ひる』とはアヒルの略であった」という(13)。すると、大阪にかぎらず、場合によっては大正期以降も、「かしわ　ひる」があったのかもしれない。そしてこの「あひる」とは合鴨のことなのである。明治末年に谷崎潤一郎が舌鼓をうった花見小路の菊水も、昭和初期になると「鶏肉　あい鴨　御料理」と宣伝していた(14)。

さて、注文を終えた客の前には、仲居の手によってひとつの箱が運ばれてくる。

> そこで、各《おのおの》好む所に従つて誂へる、火の拵へや其他は何処でも変りはないが、東京ならば広蓋にのせて出さうといふ器物一切、それから焼豆腐、糸蒟蒻、葱、芹、若しくは三葉の類、焼麩、味汁《だし》、醬油、味醂乃至砂糖に至るまで、一切合切、一個の茶棚様の塗物にのせてくる、一寸抽斗《ひきだし》を明ければ箸が出やうといふ寸法。
> これを命《なづ》けて「無精箱」といふので、意《いふこゝろ》は坐つて居て万事用を足すからであらう。

京都の「かしわ屋」では、具材・調味料の一切を入れた「無精箱」なる木箱が客席に持ち込まれていたのだ（図4-3）。そして、これら具材（焼豆腐、糸こんにゃく、ねぎ、せり、焼麩）と調味料（出汁・醬油・砂糖）から、「とり料理」ないし「とり鍋」とは、「すき焼き」であったことがは

図4－3　無精箱の絵と写真

っきりとわかる。谷崎は菊水で「とりすき」をつついていたわけだ。

ところが現在、京都の「とり料理」専門店で「すき焼き」をみかけることはほとんどない。多くの店が看板メニュウを「すき焼き」から「水だき」に書き換えているからだ。とりの「すき焼き」はいまや、京都料理における絶滅危惧種といっても過言ではあるまい。

〝鶏の水だき〟も美味で、祇園と木屋町二条の「新三浦」、〝鶏すき〟なら木屋町の「鳥弥三《ママ》」[15]。

戦後京都における「とり料理」のありようは、十三代目片岡仁左衛門（一九〇三〜一九九四）のこの一言に凝縮されている。鴨川右岸（木屋町団栗橋下ル）に立地する天明八（一七八八）年創業の鳥彌三《とりやさ》は、十三代目の訪れていたころは「〝鶏すき〟なら」といえば真っ先に名のあがるほどの名店であった。その鳥彌三も、いまや「水炊き」を名物としている。

他方、仁左衛門は《祇園新地》ならびに《上木屋町》の新三浦をあげて、その「鶏の水だき」を「美味」だと賞賛した。じつのところ、この新三浦こそ、京都に「水だき」をひろめた本家本元にほかならない。「水だき」のルーツをもとめて、いったん博多へと飛ぼう。

3　旧遊廓と「とりの水たき」

(1) 博多の食道楽

博多は芸どころであると共に食道楽の街でもある。小料理屋、水たき、ふぐ料理の看板は到るところに掲げられている。すし屋のカウンターには、ところ狭しと尻が並ぶのである(16)。

「食道楽の街」、博多。博多をして「食道楽の街」たらしめている料理のひとつが「水たき（水炊き）」であった。いまから約六十年前のガイドブック『博多・昼と夜の旅』では、「東に名古屋、西に博多と言えば東西鶏料理の横綱である」と紹介されている。

観光地と言うところは、美しい反面、汚れた処も多いものです。私は郷土博多の名所史跡を紹介するに当り、美しい夜の灯や、濁つた裏街の実態をも、併せてお知らせすることは、旅行者に対する親切であると考えています。

「濁つた裏街の実態をも」と「編集後記」にあるごとく、同書は硬軟おりまぜて、きれいごとだけではないナイトライフまでも詳述する異色の都市ガイドである。ガイドにしたがって裏街を彷徨したい気持ちをここはぐっとこらえて、美しい面である「舌のコース　食べ歩きコース」に記された「水炊き」案内に随行することとしよう。

冬の博多は何処へ行っても「水炊き」攻めに逢うのが通例。そこここの小料理屋の前には「水炊き」の看板が立てられ、一人前二百円也のつつましい庶民を対手の一ぱい屋から、芸者の酌で仲居に炊かせる高級料亭まである。

六十年前とは物価もちがうし、花街の斜陽を考えると「芸者の酌」など夢のまた夢ということになるだろう。酒場の看板にある「水たき」の文字が目をひくことにかわりはないが、現在の博多では「もつ鍋」のほうがはるかに多いであろうか。当時、「〝水炊き〟は秋に始まり、春に終る」とされていたものの、店舗における冷房設備の普及にともない通年化して、「酷暑の水炊き」も「乙なもの」となっていた。

ほかのガイドブックでも、

　博多の味と言えば、まず水たきをあげねばなるまい。街を歩いていると、水たきの看板がいくつも目につく。それも一人前三百円から千円以上までいろいろとある。[17]

と記されている。〈フードスケープ〉と〈ストリートスケープ〉とが融合しているがゆえの「食道楽の街」というわけだ。

値段もさまざまな水たきのなかでも、「水炊き専門の旧柳町の『新三浦』はなんと言っても一ばん有名」[18]、あるいは「まず博多名物ニワトリの水たきの有名店は老舗『新三浦』（築港）」というように、まっさきに名のあがるのが新三浦である。

　博多。昼食に、名物といふより、名所と言ひたい、新三浦の水たきを、ウンと唸りたくなるほど、脈が、ドキ〳〵打つほど、食べました。骨をバリ〳〵噛むので、口の中から血が出ました。

　然し、水たきは、新三浦が世界一でせう。[19]

これは、古川緑波《ろっぱ》（以下、ロッパ）の『ロッパ食談』に「あとがき――にしては、長すぎる」

と題して付された文章からの引用である。もとは昭和十五（一九四〇）年七月の『梅田娯楽新聞』に「寄せた一文」であるというので、昭和初期の感想とみてよい。

博多の新三浦は、旧市街地の北部を流れる御笠川（石堂川）の河口部左岸、現在は埋め立ての進んだ博多港の基部に位置する老舗の料亭である。戦後に再建された建物は平成十八（二〇〇六）年に解体、もとの半分程度の敷地に平屋の新店舗をかまえて現在にいたる。ビルやマンションに囲まれ、対岸を都市高速道路がはしるなど、お世辞にも風光明媚とはいえない立地だ。周辺には目立った飲食店もなく、孤立している感さえ否めない。

だが、昭和戦前期にロッパが「名所」と賞賛したことには、それなりの理由があった。

(2)《旧柳町》と新三浦

新三浦を有名店として紹介した二冊のガイドブックのうち、一方はその立地を「築港」としていたものの、前項で主たるテクストとしてもちいた『博多・昼と夜の旅』では「旧柳町」となっていた。

旧があれば、当然のこと新もある。

「博多柳町柳はないが女郎の姿が柳腰」と云ふ俗謡は昔より全国にまで知られ、博多女郎と云へば博多名物の一として他地方の遊客に数へられて居る、古来博多港が西海の要津《ようしん》として、

> 船舶の出入繁かりし所から、遊女の制も早くから開らけ、天正年中既に今の洲崎町付近は娼家軒を並べて所謂博多小女郎の名海内に高く、慶長年間石堂川尻即ち今の旧柳町に移し、明治二十四年頃には海浜を埋立て丶区域を拡張し、不夜城の盛りを示したのである、然るに明治四十三年を限り更らに之れを市外住吉の広潤《こうかつ》な一区に移し、新柳町遊廓と称して居るのである。[20]

《柳町》とは歴史ある遊廓の名称なのであった。石堂川の河口から中心部をひとまたぎにして南へ一直線、那珂川の左岸に開発された土地区画に遊廓機能が再配置されたことで、跡地は「旧柳町」に、新地は「新柳町」になる。

《柳町》が市街地の北端から南郊へと対蹠《たいしょ》的に移転せねばならなくなった背景には、医科大学（現・九州大学医学部）の開設があった。

> …〔略〕…明治四十年前後の頃、ボツ〳〵と起り立ったのは柳町移轉の問題であった、娘一人に婿八人、九州各県がわれも〳〵と奪ひあった医科大学は見ん事福岡県が勝利を占め、白砂青松の好位置千代の松原が其の敷地とは決定した、それにしても僅かに川一重を隔て丶、柳暗花明の色街と相対しては生命の根源を探り病理の奥をあばく学生の風紀上面白くあるまいと頭痛になやむ当局者、柳町移轉を理が非でも主張した。[21]

石堂川をへだてて「柳暗花明の色街と相対」する医科大学。近代的な高等教育機関の出現によって転地を強いられた遊廓に言及するのは、第3章の《根津》に次いで、これで二度目となる――はたして三度目はあるだろうか……。

明治中期に作成された地形図で《柳町》の位置した石堂川（御笠川）の河口部一帯をみると、当時はまだ市街地の外縁にあったことがはっきりとわかる。[22]河口付近では土砂の堆積した浜堤が形成されており、対岸にはとおく名島まで砂浜と松林がつづいている。

ところが、大正後期になると、架橋された石堂川を路面電車が運行しているばかりか、北部の海浜には博多湾鉄道も敷かれて、両者の結節点には「しんはかた」駅もおかれている。駅北東の広大な敷地をしめるのが、医科大学である。旧道の「大学通」をはさんだ東側には「千代松原」という地名があり、「東公園」の一帯には針葉樹林の地図記号（松）も分布しているものの、開発の進展は著しく、都市空間のさらなる拡大を予感させる。

医科大学設置の決定によって、《柳町》の妓楼（貸座敷）は明治四十三（一九一〇）年十二月を期限として市外（当時）の住吉へと移転した。そして明治四十二年六月には、はやくも開廓をむかえる。[23]《新柳町》の誕生である（図4－4）。

多くの貸座敷が《新柳町》へと転出して、文字どおり「灯の消えた街」となった旧の《柳町》に、あかりをともす店がひとつあらわれた。ひとりこの地に残り、貸座敷から料亭へと転業した新三浦である。

図4－4　《新柳町》の景観

…〔略〕…新三浦は水焚であるが、旧柳町にむかしの娼家のあとをとゞむる唯一の家であつて、石堂川の流れに枕んで遥かに海の中道の松原を見晴らし、月夜の浅酌には最も好適で、鶏も亦自慢である。[24]

旅行ライターにして全国の花街に精通する松川二郎は、新三浦をこう紹介した。この立地と眺望こそが、ロッパをして名所であると言わしめたのだろう。貸座敷を転用した建物も、中庭に渡り廊下、本館には大広間を備えた、なかなかに立派なものであった（図4－5）。

花街の食味について松川は、「鶏の水たきを唯一の名物として、玄界鯛の美味亦定評あり」と述べているのだが[25]、新三浦の開業した明治四十三年当時の福岡〈フードスケープ〉は、いかなるものであったのだろうか。

図4-5　新三浦の外観と中庭

我筑前には食倒れなる俚諺《りげん》あり、蓋し筑前人士殊に福岡人士が飲食品の選挙に意を用ゐ、食膳の珍味佳肴《かこう》に十金を惜まず、遂に身を亡し家を倒すに至るものあるによる。然れば料理法の如き夙に発達し、加ふるに玄界洋の魚介は肉締りて其風味比類を見ず、地は肥沃にして蔬菜の生育良好なるを以て、料理の声価愈々揚れるなり。(26)

これは明治末年のガイドブック『福岡市案内記』（一九一〇年）で紹介された「食いだおれ」の福岡についてである。このガイドブックであげられた料理店のなかに新三浦は当然のことながらまだなく、水たきへの言及もみられない。

松川自身が最初に水たきを知ったのは、大正期のことであったようだ。

水たきでも食ひに行くかね。水たきは東京にも此頃できたけれど、迚《とて》も博多で食ふやうな譯には行かないね。料理人は博多からつれて行つたんだ相だが、客の方で水たきなるものを知らぬので、いくらか手加減をして東京の人の口に合ふやうにやつてるさうだよ。だから東京の彼《あ》れをほんとうの水たきと思はれてはこまるからね……。(27)

全国の花街めぐりを兼ねたであろう「歓楽郷めぐり」で博多に立ち寄った際、地元の新聞社に勤める友人に案内された松川が「本当の水たき」を知ったのは、元祖とされる水月であった。新三浦のほうは、「花街めぐり」をするなかであらためて知ったのであろう。

水たきはもと南蛮料理であった（現在長崎にある鍋料理「いり焼き」が原形だと言われている）。これを日本風な「水たき」にしたのは水月（現福岡市平尾本町）であるが、有名にしたのは、当時の遊里のまん中に「水たき」の店を開店した新三浦であった。(28)

小島政二郎が「古い友達」と呼ぶ帯谷瑛之介《おびやえいのすけ》（一九一六〜一九九三）の説明は、このように明快である。「博多水たき」発祥の水月が那賀川河口部左岸の土手町で「水たき」を売り出したのは、明治三十八（一九〇五）年のことという。(29)帯谷はかさねて「水たきのよさはスープのうまさ（ポタージュ風・コンソメ風と二種ある）と肉の骨離れのよさであろう」と述べているのだが、白濁した「ポタージュ風」のスープで水たきを「有名にした」のが、《旧柳町》の新三浦なのであった。

〔開業したばかりの新三浦は〕初めは商売にならず、売れたのはとりの唐揚げのほうだったという。ところが間もなく九州帝国大学（現九州大学）が近くに開校してからたちまち人気者となった。理由は安くてハイカラで栄養もあるということで、学生から教授に至るまで連日押しかけて賑わったという。(30)

当時、唐揚げは一般的な品目であったのだろうか……、鶏肉は本当に安かったのだろうか……、水たきといっても鍋料理である、さように「ハイカラ」なものであったのだろうか……、と疑問はつきないものの、新三浦が水たきを「有名にしたのは」事実である。

さきほど引用した『福岡市案内記』（一九一〇年）を参考にしたのだろう、大正五（一九一六）年に刊行された『福岡市』には次のように記されている。

昔しから「筑前の食ひ倒れ」と云ふ評がある〔。〕之は無論筑前人士特に我福岡人が飲食物に心を費し食膳の佳味に十金を惜まない〔、〕其結果は遂に一身一家を誤るに至ることあるを諷したのである、実際我福岡市は海には所謂玄界の鮮魚あり〔、〕陸には豊沃な田園あって料理の材料として殆んど間然する所なき結果〔、〕調理法の如きも早くから十分の発達を見た譯である(31)。

「筑前の食ひ倒れ」の記述それ自体はあまりかわりばえしないのだが、『福岡市案内記』にみられなかった「鶏牛肉専門及鋤焼」の項目がこの引用のあとにもうけられ、その筆頭に「新三浦（柳町）」があげられた。そして大正三（一九一四）年の『福岡実業案内記』には、はやくも広告が掲載されている（図4-6）。「舊《きゅう》柳町の新三浦」という所在地の説明は、ここまでみてきた経緯を端的にものがたる。

図4-6　新三浦の広告

博多食堂樂
お客様をどこへ御案内しませうか。
先づ全國的に名の知れてゐるのは、（かしわ）の水たきです、舊柳町の（新三浦）大いに賞美されてゐます、しかも新三浦は座席も綺麗で、春雨けぶる夕、夏の潮色、暮秋の海、いづれも座敷から眺められてうれしいです。(32)

昭和戦前期、博多の水たきは全国的にも知られていると喧伝されるほどの名物料理に発展していた。その専門店として有名性を獲得したのが、旧柳町の新三浦だったのである。

（3）そして京都へ

新三浦の創業は明治四十三（一九一〇）年で、初代を青柳秀三郎という。(33)《新柳町》には青柳長吉の経営する貸座敷「三浦屋」があったことからすると、新三浦はもともとその分家であったのだろう。大正期には、「新三浦屋」と名のることもあった。

その後、経営者は大正三年に青柳基義、大正七年には青柳アサの名を確認することができる。(34)姓を同じくすることから、秀三郎の家族ないし親族、あるいは縁戚にあたるものとおもわれる。

ここに大正前期の広告二枚をならべてみた。左は大正三年、右は同五年のものであるが（図4−7）、注目すべきは右の一枚だ。そこには「博多舊柳町」の本店にくわえて、「京都支店」が

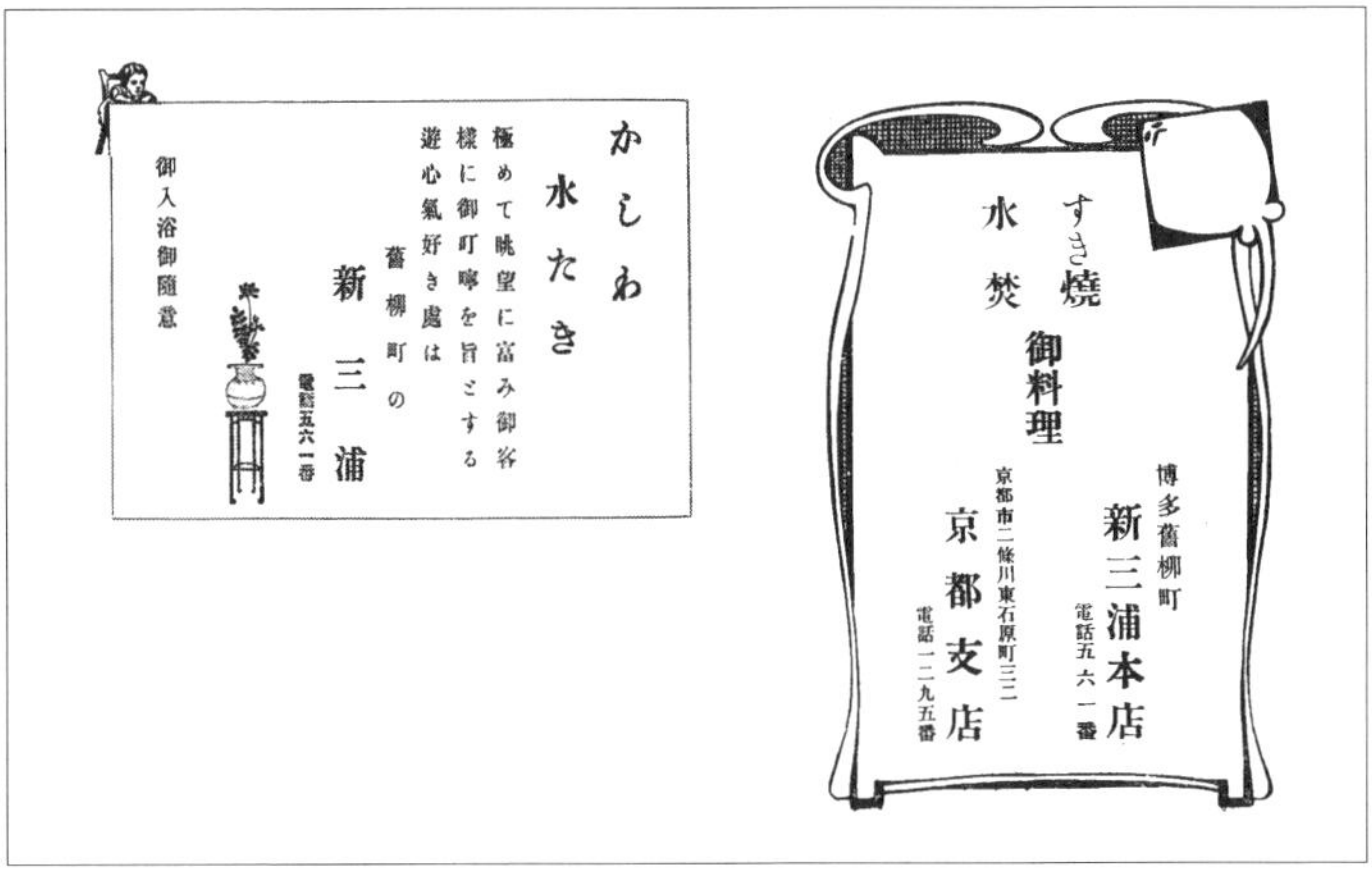

図4-7　新三浦の広告（左：大正３年，右：大正５年）

併記されている。新三浦は、その誕生から十年を経ずして、京都への進出をはたしていた。

京都・新三浦の成立については、興味ぶかい語りがふたつ残されている。

> 大体このとりの水だきというもの自身、中国からその原形が伝わり長崎を経て博多の地に渡来したという説があるが、さらにそれがこの祇園新三浦にもたらされた経路を聞いて見ると、本家博多新三浦に縁のある青柳アサという女性が水だきの作り方をたずさえて丸太町川端東に店を出したという。(35)

この一文には、「祇園」や「丸太町川端東」などの留意すべき地理情報もふくまれているのだが、驚くべきは青柳アサの名があげられていることのほうだ。彼女は「本家博多新三浦に縁のある」ど

図4-8　紅葉家「鶏水だき」の広告

ころか、当時、地元福岡の実業界名簿に本店の経営者として登載されていた人物なのである。[36]

京都における新三浦の定着過程については次節で述べることとし、もうひとつの語りにも耳をかたむけておこう。

> 水たきの本場博多から、「新三浦」が京都に進出して、はじめて夷川二条《ママ》に店を持ったのは、大正の四年のことだそうで、これが京都での水たきの草分けだったのである。[37]

「夷川二条」とは、夷川発電所に近い二条通を指すものとおもわれるのだが、大正四（一九一五）年と明記されている点は重要である。図4‐7の広告とも符合するからだ。新三浦京都支店の進出は大正四年とみてまちがいあるまい。

管見のかぎり、京都におけるとりの「水だき」ということばの初出は大正四年の『都をどり』のパンフレットに掲載された紅葉家の広告（図4‐8）である。例年、「都をどり」は四月に開催されるものの、この年は大正天皇の御大典記念として十一月にも披露されることになっていた。昭和の御大典にもみられたことであるが、京都市はインフラ整備を基盤とした空間編成の高度化をはかると同時に、消費文化の成熟をも経験することになる。おそらく、「博多名物　鶏水だき」を持ち込んで「元祖」を名のった紅葉家も、そして新三浦も、御大典にあわせて水だきを売り出したのだろう。このことは、第四回内国勧業博覧会の開催を見越して江戸焼きうなぎの神田川が出張店を設けたエピソードを想起させるものがある（本書第3章）。

さて、新三浦京都支店の所在地にも注目しておきたい。博多の旧遊廓発祥の料理屋は、京都において、いったいどのような立地を選択したのか。

図4‐7の広告には、「二条川東石原町三二」とあった。「二条川東」は市電の停留所名で、そこから東へ徒歩数分の位置に「石原町」がある。石原町の地番には三二がないので、誤りの可能性も否定できない。大正八（一九一九）年の『京都電話番號簿』には、「新三浦京都支店」として「夷川、川端東入四丁目、水だき鳥御料理」と記載されている。琵琶湖疏水によって設置された夷川発電所のほぼ真南にあたることから、「夷川」と認識されることもあったのだろう。

地図上で石原町を確認すると、見落とすことのできない事実に接するところとなる。石原町は、旧遊廓の《二条新地》に近接しているのだ。

祇園と共に公娼の免許を受けた二條新地は其起因も祇園と粗同じけれども夜昼の繁昌は甚だ劣りて公許以来先斗町へ移住するもの多くなり、明治に至り吉田町へ諸学校建設となりて近接すれば風紀に害ありとて、北垣知事は英断を以て之を下河原の清井町に移したるが其後は尚々衰廃して今は同町に一戸も見ず全たく廃絶した。(38)

二条新地とは、もと上京区第三十二学区にあつた花街で〔、〕二条橋東畔の頂妙寺か、熊野神社に所縁をもつたものなのだろう。今の夷川ダムと二条の旧電車道との間にあつた。……〔略〕…その二条新地が京都帝国大学が創設されるに当つて、教育環境のためにその撤廃が、案外容易に断行されたのである。(39)

明治十九（一八八六）年七月に発布された「五業取締規則」第一条において、《二条新地》はその他の歴史ある遊所とともに「貸座敷免許地」として認定された遊廓である。ところが、それからわずか二年後の明治二十一年四月七日、突如として《二条新地》だけが第一条から削除された。その理由は、右の引用文中にも示されたように、第三高等中学校（のちの京都帝国大学）の建設予定地に近接したからにほかならない。

《二条新地》の廃止から三十年近くの歳月を経て、博多の新三浦はまるで自らの誕生譚をなぞるかのように支店をかまえた。

> 戦争のはじまるころまで、あのあたりを通ると、まだ二条新地時代を偲ばせる構えがあった。たとえば水煮きの新三浦の京都の本店がこの中にあった。ダムのそばだから水煮きであったのではなくて、この新地時代の名残りだったからだ。これはやがて木屋町の川べりに現われたが、今は祇園花見小路だけのようだ(40)。

この語りには、事実と異なる点がふたつある。ひとつは「新地時代の名残り」、もうひとつは「今は祇園花見小路だけ」という指摘である。後者については次節におくるが、前者の誤りは明白であろう。博多の新三浦が「新地時代」に支店をおいた事実はない。だが、のちに京都産業大学の名誉教授となる寺尾宏二《てらおこうじ》（一九〇三〜一九九五）をして「名残り」と錯覚せしめたのは、それなりのゆえあってのことであるはずだ。考えられるのは、立地と店構えである。

旧《二条新地》周辺を図化してみた（図4-9）。淡色グレーは明治二十年前後の既成市街地のひろがりを示しており、当時《二条新地》の範域は新生洲町・新先斗町・大文字町・中川町・難波町・杉本町と定められていた。これによって、新三浦京都支店の立地した石原町は、二条通東端の既成市街地縁辺にあたり、《二条新地》の区域からははずれていることがわかる。大正初期

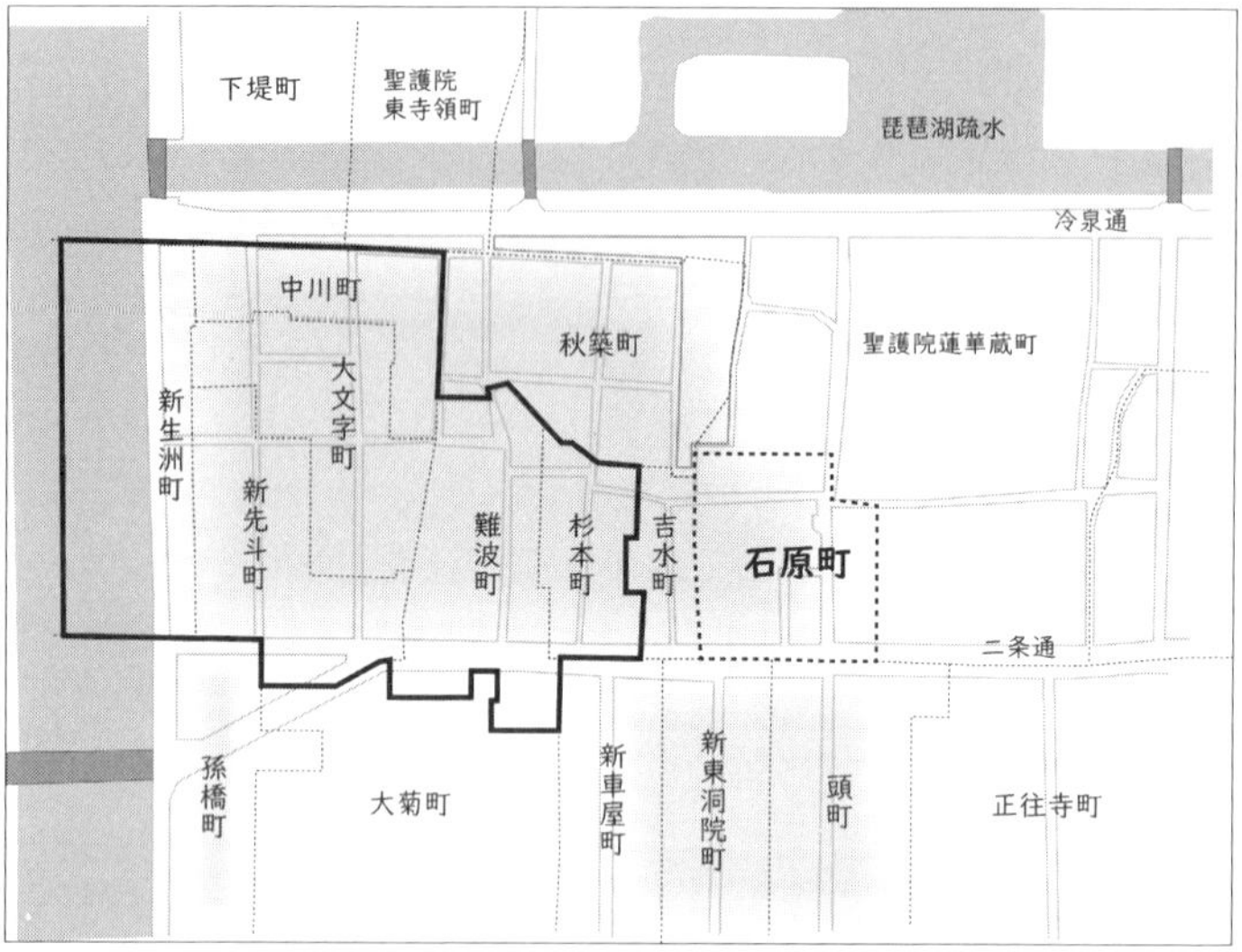

図4-9　明治二十年前後の《二条新地》周辺

注：太い実践で囲まれた範囲が《二条新地》。

にはすでに、石原町より東側も琵琶湖疏水にいたるまで、家屋などが建て込んでいた。

図4-10は、新三浦京都支店の絵葉書である。門柱に「鳥御料理　新三浦」の看板を掲げ、アーチ型のくぐり門の上部に「新三浦」と記された燈のある表玄関。犬矢来をめぐらした高い塀の内側に、二階建ての木造建築二軒がみえる。植栽と庭石を配した池には噴水もあった。

旧市街地の東端にあって、これだけ豪壮な建築であることから、「新地時代の名残り」と錯覚されたのだろう。人工的な水域とはいえ疏水にほど近く、旧遊廓のはずれを選んだのは、《旧柳町》の本店経営にたず

図 4-10　新三浦京都支店の外観と中庭

さわった青柳アサならではの場所感覚といえようか。

4 「水だき」の定着とひろがり

(1) 京都新三浦の展開

新三浦京都支店は、昭和にはいると実質的には京都における本店となって、さらにふたつの支店を展開する。最初に進出したのは祇園町南側であった。井上甚之助は次のようにふりかえる。

水たきの味を覚えたのは、学生時代の昔のことだが、覚えた場所が、祇園の「新三浦」であったことは、今もって忘れられない――その「新三浦」は、花見小路の四条から二筋目を東へはいったところの北側にある。戦後しばらく花見小路通りで、仮の店を出していたのが、やっと元の古巣にもどって、落ち着きを取りもどした感じである。花見小路通りにあったときは、場所がよすぎてかえってはいりにくかったのが、元の横丁へ引っ込んで親しみやすくなった。小路一つ隔てた東隣は、弥栄中学校になっているがこれは昔は弥栄小学校だったところで東の二階座敷の窓からは、校庭がひと目に見おろせて、夏などは、白く乾いた埃ッぽいその校庭が、太陽の光でギラギラしていたことを覚えている。しかしその二階座敷のあった建物も、戦時中の疎開でこわされ、校庭の見える景色もなくなってしまった[41]。

京都では夏の盛りにも、水だきが食されていたようだ。令和三（二〇二一）年春、祇園町南側のこの建物は跡形もなく取り壊されてしまったが、開業は大正十四（一九二五）年にまでさかのぼる。青柳アサが「新三浦花見小路支店」として置いたのだった[42]。花街志向型の立地を鮮明にしたことになる。アサは、これとほぼ同時期に博多本店の経営を離れたらしく、本店は青柳基義の義兄にあたる白井善蔵の手にわたった[43]。

そして昭和二（一九二七）年、「新三浦花見小路支店」あらため「新三浦祇園支店」の経営者が白井善蔵の実弟・凌三となった一方、序章にみた八瀬支店を高橋宗吉が開業した。彼はアサの義弟にあたるという[44]。これによって当時、京都の新三浦は、二条川端東を青柳アサ、祇園町南側を白井凌三、そして八瀬遊園地を高橋宗吉が経営する店舗体制となった。

その後、京都新三浦各店の経営者は、一気にうつりかわる。昭和四年前後、アサに代わって二条川端東の店をいったんは高橋が継ぐものの（図4-11）、昭和八年前後には同店を廃して木屋町御池上ルの《上木屋町》に新店舗をかまえ、経営者は白井となる。京都新三浦としては、はじめて鴨川を西へこえたことになるのだが、そこが花街とも深いつながりを有する席貸街《上木屋町》であったことは興味ぶかい。その白井と入れ替わるかたちで、高橋が八瀬支店にくわえて祇園支店も経営するようになった。この経営体制が戦後までつづく。

図 4 -11　京都新三浦の店舗配置（昭和初年）

モダン京都にあって、花街・席貸街・近郊遊園地という遊興空間の要所をおさえた新三浦の立地展開は、とり料理（屋）文化に多大な影響をおよぼしたことだろう。

（2）濁音の白いスープ

『大京都』（一九二八年）に掲載された「鶏肉スキ焼料理」の欄をみると、谷崎潤一郎も賞味した菊水をはじめとする、とり料理屋がならんでいる。この当時、とり料理といえばメインは「すき焼き」であったが、「水だき」も少しずつひろがりをみせていた。

たとえば、《錦市場》の鶏肉店「鳥岩」の展開した料理屋「鳥岩楼」は、広告に「昨今東都に盛んに流行しつゝある親しみ深き鳥すきの宴会」という宣伝文句を掲げる[45]一方で、《西石垣》に立地した北店と南店の屋上看板では、前者が「鳥会席

The fine evening scene of Bridge Shijyo-ohashi over river Kamogawa and its neighbourhood. (Kyoto in evening.)
観美の近附橋大條四川茂加の夜 (都京の夜)

図4－12　鳥岩楼の電飾看板

と水だき」、後者が「水だき　とり料理」と電飾している（図4－12）。純金製の鍋をウリにする「きんなべ」という店も水だきを取り扱っていたほか、市内随所のとり料理屋が「水だき」をかかげはじめたのである。

さて、ここまで読み進んでこられた読者のみなさんのなかには、「水炊き」の表記ゆれを不審に思われた方も少なからずおられるかもしれない。引用文中の表記は原文のままとしているが、地の文では「水たき」と「水だき」とをある程度まで使い分けている。

福岡市に在住する知人によると、発祥の地である本場博多では一般的に「みずたき」と呼ぶ。元祖とされる水月も、「博多水たき発祥の店」を標榜する[46]。他方、「博多名物・鶏の水だき」をかかげるのが新三浦だ[47]。すでにみたように、帯谷は「スープのうまさ」をコンソメ風とポ

表4-1　「水だき」の表記

店	立　地	表　記
鳥岩楼	西陣	水だき
新三浦	上木屋町	水炊き
鳥　初	河原町姉小路	水だき
とり安	縄手通	水だき
鳥　新	縄手通	水だき
鳥彌三	下木屋町	水炊き

タージュ風とにわけて紹介していたが、水月が前者の、そして新三浦が後者の代表格である。新三浦はスープが白濁しているがゆえに、濁音の「水炊き」ということらしい。

興味がもたれるのは、京都における呼称である。大正四（一九一五）年当初から、「水だき」とにごっていたのだ。新三浦に次いで店舗を展開した鳥岩楼も追随する。その結果、といってしまうといささか性急に過ぎるが、京都のとり料理専門店における表記・発音は現在、いずこも「水だき」だ（表4-1・図4-13）。漢字表記の店も濁音で、もちろんスープは白濁している。

戦前にすき焼きを供していたという鳥初は、戦後、「美味しさへの追及《ママ》、試行錯誤の繰り返しの結果…〔略〕…白濁の博多風スープとあっさりとした長崎風の出汁」をとりあわせて、自慢の水だきをうみだした。[48]「白い鶏がらスープの水だき専門店」を名のる「とり安」の創業は、昭和三十年であるという。[49]縄手新橋の角地にあって、たいへん立派な造りの町家が印象的な鳥新によると、もともとは「すき焼きが主流で、水だきの割り合いが多くなるのは、昭和も四十年を越えた当たりから」である。[50]

京都におけるとり料理の近代、それは「すき焼き」から「水だき」への遷移なのであった。この変化を象徴するのが、天明八（一七八八）年創業の京都を代表する老舗のひとつ鳥彌三であろ

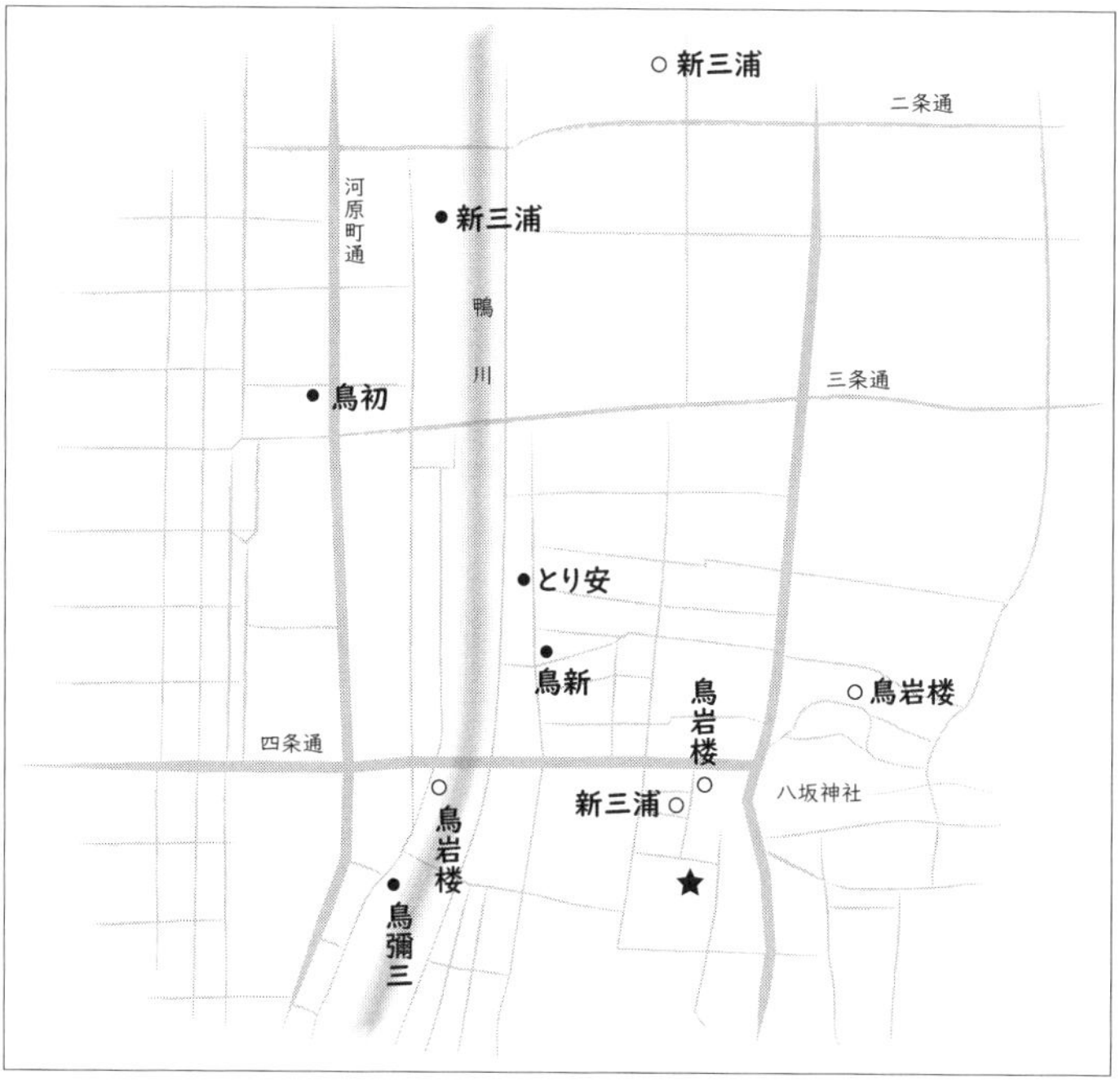

図4-13　とり料理店の分布
注：●は現在も立地する店舗。○は現在は立地しない店舗。★は終章を参照。

う。すでにみたように、片岡仁左衛門は鳥彌三を「鶏すき」の名店として認識していた。では、水だきをはじめたのは、いつのことなのか。六代目となった女将へのインタヴュー記事があるので引用しておこう。

「むかしの川床《ゆか》は今のより大きく二階にも階下にもついている上下二階の大きいものでそれがすきやき客で満席というさかんなものでした」幼い日の思い出だそうだ。
「その時分はとりのすきやきで。水だきはいつごろ始まったのでしょう?」ときくと、
「あれは戦後ですよ。五代目というのが私の姉でして、平井初子と申し、昭和二十一年に夫を亡くし、その後一人でこの家を守った人です。
守っただけでなく、積極的にとり料理を研究し、九州博多へ出かけて行って彼の地の水だきを調べて帰り、これを取り入れ鳥弥三《ママ》のものにしたのです」(51)

戦前までは「すき焼き」をもっぱらとしたものの、戦後、博多に学んだ「水だき」をはじめて、いまでは専門店となったのである。「取り入れ」たといっても、たんなる受け売りではなく、その始源からして創造性をともなうものであった。

……〔略〕……ぼくが常々感じているのは博多という町の持っているエネルギーである。これは

日本化エネルギーともいうべきもので、たとえば雑煮にしても、豪華と言われる博多雑煮よりも長崎雑煮の方がはるかにデラックスである。ところが長崎雑煮には、まだ南蛮料理のなごりがはっきりと見受けられる。これが博多雑煮になると、完全に日本料理になってしまう。水たきも同じで、博多にきてみごとに日本料理になってしまった。このみごとさは博多が誇ってもよいものではなかろうか[52]。

「日本料理」化というよりは、博多化というほうが適当ではないだろうか。それは京都にも受け継がれる。

鶏の水たきはもともと博多が本場。もとはといえば中国の料理法らしいが、京都へはいっては、うつわといい、食べ方といい、雰囲気といい、すっかり京風化してしまった[53]。

こんどは、博多化された水たきの「京風化」である。移動する料理（屋）文化の片輪が伝統であるとするならば、もうひとつの片輪はまちがいなく創造性だ。

注

（1）谷崎潤一郎「朱雀日記（七）」『大阪毎日新聞』明治四十五年五月四日。

(2)『讀賣新聞』昭和七年九月二十一日。
(3)日本名所案内社編『三府及近郊名所名物案内』日本名所案内社、大正七年、七三-七四頁。
(4)『東京朝日新聞』大正二年四月十六日、『讀賣新聞』昭和七年九月二十一日。
(5)谷崎潤一郎「青春物語」(『谷崎潤一郎全集　第十三巻』中央公論社、一九八二年)、三四三-四三九頁。引用は四〇〇頁より。
(6)加藤政洋・河角直美「近代京都における主要商店街の店舗復原――《祇園町》を事例とした方法の検討――」(『歴史地理学』第六十二巻第四号、二〇二〇年)、一-一七頁。
(7)日本商工通信社編『職業別電話名簿　東京之部　大正十一年版』日本商工通信社、一九二二年、二六七頁。
(8)谷崎潤一郎「朱雀日記(四)」(『大阪毎日新聞』明治四十五年四月三十日)。
(9)谷崎潤一郎「上方の食ひもの」(『谷崎潤一郎全集　第二十二巻』中央公論社、一九八三年〔初出は一九二四年〕)、一五六-一五九頁。引用は一五九頁より。
(10)石田有年編『工商技術　都の魁』石田戈次郎、一八八三年。
(11)変通子「京都の飲食店」(佐々政一編『夜の京阪』(『文藝界』第十六号、定期増刊博覧会記念)、金港堂、一九〇三年)、六三-八九頁。以下、いずれも引用は六四-六五頁より。
(12)牧村史陽編『大阪ことば辞典』講談社学術文庫、一九八四年、一六三頁。
(13)大久保恒次『食通入門』創元社、一九六一年、六八頁。
(14)中神直二郎編『大禮紀念　都をどり写真帖』技藝倶楽部、一九二八年。
(15)片岡仁左衛門『嵯峨談語』三月書房、一九七六年、一六九頁。

(16) 脇本善一編『博多・昼と夜の旅［1962年版］』博多春秋社、一九六二年、二六二頁。以下、この項の引用は注記しないかぎり同書（二六二、二六四頁）からである。
(17) 帯谷瑛之介「博多の味」（創元社編集部編『北・九州味覚地図』創元社、一九六五年）、一六九－一七八頁。引用は一六九頁より。
(18) 福村弘二『全国50都市　ナイト・レジャー案内　味・宿・遊びどころで探る魅力の地方都市』実業之日本社、一九七〇年、二一六頁。
(19) 古川緑波『ロッパ食談』東京創元社、一九五五年、一九五頁。
(20) 清原伊勢雄編『福岡市』福岡市編集部、一九一六年、二九四－二九五頁。
(21) 前掲、清原伊勢雄編『福岡市』、二九八－二九九頁。
(22) ここでは、谷謙二先生（埼玉大学）の開発・運用にかかる「時系列地形図閲覧サイト『今昔マップon the web』」(https://ktgis.net/kjmapw/) をもちいて、明治二十（一八八七）年迅速測図「小倉近傍」（五万分の一）ならびに大正十五（一九二六）年測図「福岡」（二万五千分の一）を参照した。
(23) 溝部信孝編『福岡市案内記』積善館支店、一九一〇年、一一九頁。
(24) 松川二郎『全国花街めぐり』誠文堂、一九二九年、五八四頁。
(25) 前掲、松川二郎『全国花街めぐり』、五八八頁。
(26) 前掲、溝部信孝編『福岡市案内記』、一一七頁。
(27) 松川二郎『歓楽郷めぐり』三徳社、一九二二年、三五五頁。カストリ出版による復刻版（二〇一六年）を参照した。
(28) 前掲、帯谷瑛之介「博多の味」、一六九頁。

(29) 水月のウェブサイトを参照した（http://www.suigetsu.co.jp/hist.html）、最終閲覧日二〇二一年五月二九日。
(30) 帯谷瑛之介『カラーブックス436　博多の味』保育社、一九七八年、一二七頁。
(31) 前掲、清原伊勢雄編『福岡市』、二九〇頁。
(32) 八木外茂雄編『筑前　博多』福岡協和會、一九三八年、二七頁。
(33)『朝日新聞』二〇〇六年一月一五日。
(34) 上野雅生編『九州紳士録　第一輯』集報社、一九一四年、二一九頁。今泉健三編『福岡市商工人名録』博多商業会議所、一九一八年、一六一頁。
(35) 國分綾子『続　京の女将たち　老舗の味を訪ねて』柴田書店、一九八四年、七四頁。
(36) 京都側で彼女の名が最初に確認されるのは、大正八（一九一九）年の京都中央電話局編『京都電話番號簿』である。
(37) 創元社編集部編『1969年版　京都味覚地図』創元社、一九六八年、八五頁。なお、この項目の執筆者は井上甚之助である。
(38) 多景の門志づえ「京都の花街」（佐々政一編『夜の京阪』（『文藝界』第十六号、定期増刊博覧会記念）、金港堂、一九〇三年）、二六一-六二頁。引用は三七-三八頁より。
(39) 寺尾宏二「今は昔・昔は今――文教地区について――」（『洛味』第七十集、一九五七年）、三七-四〇頁。引用は三九頁より。
(40) 前掲、寺尾宏二「今は昔・昔は今――文教地区について――」、三九頁。
(41) 前掲、創元社編集部編『1969年版　京都味覚地図』、八四頁。

（42）松尾音治郎ほか編『京都商工人名録　大正十五年改版』京都商工人名録発行所、一九二五年。京都中央電話局編『京都電話番号簿　大正十五年八月一日現在』京都中央電話局、一九二六年。
（43）交詢社編『大正十五年用　第貳拾九版　日本紳士録』交詢社、一九二五年、福岡の四四頁。
（44）前掲、國分綾子『続　京の女将たち　老舗の味を訪ねて』、七八頁。
（45）新田可彦編『京都画壇大観　附各塾々員名簿』都市と芸術社、一九三一年。
（46）水月ウェブサイト（http://www.suigetsu.co.jp/index.html）、最終閲覧日二〇二一年八月一四日。
（47）新三浦博多本店ウェブサイト（http://www.shinmiura-honten.com/index.html）、最終閲覧日二〇二一年八月一四日。
（48）鳥初ウェブサイト（http://www.kyoto-torihatsu.com/history.html）、最終閲覧日二〇二一年八月一四日。
（49）とり安ウェブサイト（http://toriyasu.net/index.php?InformationPage）、最終閲覧日二〇二一年八月一四日。
（50）鳥新ウェブサイト（http://torishin.my.coocan.jp/sub1.htm）、最終閲覧日二〇二一年八月一四日。
（51）國分綾子『京の女将たち　老舗の味を訪ねて』柴田書店、一九八〇年、一一九‐一二〇頁。
（52）前掲、帯谷瑛之介「博多の味」、一六九頁。
（53）國分綾子「鳥弥三〈鶏水たき〉」（創元社編集部編『１９６９年版　京都味覚地図』創元社、一九六八年）、一二八‐一二九頁。引用は一二九頁より。國分は新三浦についても、「博多名物の鶏の水だきが看板だが、やはり土地がら、調理も味つけも材料も、どことなく京都らしさをとり入れて、完全に京の風味にしてしまった。京の雰囲気にぴたりの味である」と述べている。國分綾子（文）・浜辺喜代治（写真）『カメラ京味百選』淡交新社、一九六三年、一八頁。

第5章　洋食は花街とともに

1 昭和初期のかおり

(1) 日に一度は洋食を

昭和三十五(一九六〇)年、池波正太郎の直木賞受賞が決定したのは、彼が京都滞在中のことであった。十数年後に受賞時をふりかえるなかで、そのころ「日に一度は〔たから船〕の洋食を食べないと気がすまなかった」と回想する。

〔たから船〕は、祇園の北側の花見小路を西へ入ったところにあり、昭和初期の洋食の香りをいまもたたえている。それがなつかしくて食べに通った。

創業は、大正の末か昭和のはじめだときいている。

いかにも祇園町の洋食屋らしい雰囲気があり、日中は芸妓たちもあらわれ、コロッケやスパゲティを食べている。私は、ここのビーフと野菜のサンドイッチと、カツレツと、インデアン・チキンなるものが好きであった。

いまも、やっているだろうか、インデアン・チキン。

バター・ライスに半熟の卵をそえて、その上から鶏をカレー・ソースで煮込んだものをかけた一皿である[1]。

「たから船」（正確には「グリルたから船」）とは、昭和二（一九二七）年に開業した《祇園花街》きっての古参の洋食店であった。昭和戦前期の店名は「宝船」と表記されている。「昭和初期の洋食の香り」に、「いかにも祇園町の洋食屋らしい雰囲気」をたたえていたという「たから船」も、残念ながら閉店してひさしい。

池波の訪れていた当時の主人が、雑誌やグルメ本の取材に答えて言うには、「うちはハイカラな先端を行くフランス料理と違います[2]」、あるいは「品書きは何にも変わりませんし、大昔から同じことしてるだけですわ[3]」と、いかにも池波を惹き付けそうな料理哲学が語られている。

「日に一度は」というだけあって、小説の執筆や脚本づくりなどで店を訪れることのできない日には、宿に料理を取り寄せるほどの入れ込みようであった。実際、七月十一日のこととして、「その昼飯に、宿へ（たから船）から冷たいコンソメとビーフ・サンドイッチをとどけてもらい、食べ」たと記す[4]。

「ビーフ・サンドイッチ」は「ビフカツサンド」のことであろうか。たから船の紹介記事をみると、「ビフカツサンド」は土産としても人気があったらしい。カリリと焼いた厚切りのパンではさんだビフカツの「間から垂れるソースが良い風味を醸して、熱々も良し、次の日に食べると、これまたなかなかオツだとは、ご贔屓筋の宝船《ママ》サンド評」である[5]。

(2) ビーフよりもチキン

たから船の創業した昭和初年の洋食メニゥとその値段を再現したのが、表5-1である。比較のため、和食と飲料・茶菓についてもまとめてみた（表5-2）。例にとったのは、四条高倉に立地する大丸呉服店、そして京都駅前の物産館である。前者は昭和三年十月に八階建てで新装オープンし、六階を食堂にあてている。同じく後者は、大正十五年十月に建て替えて「京都物産館」から「物産館」へと名もあらためた。

> 食堂は五階に設けまして庖丁の冴えたる八新の和洋料理を調進し最も御気軽に御召上りを願ひ又無線電話《ラヂオ》を配置して御聴きを願ふ様にいたして居ります(6)

「八新」とは麩屋町御池の老舗「八新亭」（のちに柳馬場御池角）であろうか。

表5-1をみると、「御中食／御定食」はどちらも一円、同じくランチは五十銭で、後者は「幕の内」弁当と同じ値段であった。これは鰻丼よりも安く、親子丼よりも高い設定である。セットメニゥの中身が知りたいところであるが、おそらくアラカルトの品々から盛り合わされていたのだろう。

日本的な洋食の定番である海老フライにコロッケ、そしてカツレツがならぶ。これら揚げ物類

表5-1　昭和初年の洋食メニュ

大丸呉服店（四条高倉）	物産館（京都駅前）
御中食［四品・コーヒー付］（1円）	御定食（1円）
ランチ二品 ［御飯又ハパン、コーヒー付］（50銭）	物産ランチ［コーヒー付］（50銭）
スープ（30銭）	スープ（30銭）
海老フライ（50銭）	海老フライ（50銭）
コロツケ（30銭）	コロツケ（35銭）
チキン、カツレツ（55銭）	チキンカツレツ（50銭）
カツレツ［ビーフ］（40銭）	ビーフカツレツ（35銭）
カツレツ［ポーク］（40銭）	
ビーフ、ステーキ［グリル］（70銭）	ビーフステーキ（50銭）
	チキンソテー（50銭）
コールド、ミート（50銭）	
	ミンチボール（35銭）
オムレツ（35銭）	オムレツ（30銭）
	ハムエツグス（40銭）
チキン、ライス（40銭）	チキンライス［コーヒ付］（40銭）
ハヤシ、ライス（40銭）	ハイシライス［コーヒ付］（35銭）
カレー、ライス（35銭）	カレーライス［コーヒ付］（35銭）
サンド、ウヰツチ（40銭）	サンドウヰツチ（40銭）
野菜サラダ（25銭）	野菜サラダ（25銭）
	ハムサラダ（40銭）
	アスパラガス（35銭）

もふくめた値段設定で注目されるのは、ビーフよりもチキンの方が高いことだ。大丸のビーフ・ステーキは単品としては最高額であるものの、物産館のビーフ・ステーキとチキンソテーは同額である。あきらかに鶏肉が重宝されている。

表5-1・表5-2の典拠とした『大京都』は、昭和の御大礼にあわせて刊行されたガイドブックである。興味ぶかいことに、天皇が入洛する際の準備のひとつとして、「特に洛北の風光地帯にある府立農事試験場へ種禽場を設置し」、鶏肉用には「ロードアイランドレッド」種を、鶏卵には「名古屋種」を飼育していた。「両陛下お召の鶏」となるだけ

表5-2　昭和初年の和食と飲料・茶菓メニゥ

大丸呉服店（四条高倉）	物産館（京都駅前）
【和食】 御中食（1円） 幕の内御弁当（50銭） 鰻丼（60銭） 親子丼（40銭） 東京寿司（40銭） ちらし（40銭） 御吸物（25銭） きも吸（25銭） しるこ（15銭） イチゴ氷（10銭）	【和食】 御会席（80銭） 幕の内（50銭） 鰻御飯（60銭） 親子丼（40銭） 寿司（40銭） ちらし寿司（40銭） 御吸物（20銭） きも吸（10銭） しるこ（10銭） いちご氷（15銭）
【飲料・茶菓】 珈琲（10銭） 紅茶（10銭） レモン、スカツシ（25銭） サイダー（25銭） カルピス（15銭） ソーダ水（10銭） 洋菓子（15銭） ゼリー（15銭）	【飲料・茶菓】 コーヒ（10銭） 紅茶（10銭） レモンスカツチ（25銭） サイダー（25銭） カルピス（20銭） ソーダ水（15銭） 洋菓子（10銭） ゼリー（15銭）

に、「精選に精選を重ね」た鶏を取り寄せていたのである。(7) ビーフよりもチキンの時代であったのだ。

洋食のメニゥにもどると、肉料理としてはほかにコールド・ミート（大丸）とミンチボール（物産館）がならぶ。鶏肉があれば鶏卵もあるわけで、オムレツにハムエッグスという玉子料理も供されていた。

現在ではどこの喫茶店でも定番の、チキン・ライス、ハヤシ・ライス、カレー・ライス、そしてサンド・ウィッチにサラダといった軽食もある。レモン・スカッシとサイダー、あるいはカルピス（物産館）がコーヒーの二～二・五倍するのは、いくぶん高く感じられるだろうか。

『大京都』の「百貨店と駅の食堂」案内では、「西洋料理」ではなく、「和食」に対する「洋食」としてメニゥが併記されていた。「たから船」の創業期には、ジャンルとしての日本的「洋食」が京都でも定着していたものとみてよい。

2　洋食店のチェーン展開

（1）西洋料理もいたるところに

池波が昭和の中期にわざわざ「昭和初期の洋食の香り」をもとめつづけたのは、明治期に西洋料理として受容された食文化が、昭和のはじめごろまでには日本的な洋食として定着していたからであろう。くわえて、戦後それが失われつつあったからなのかもしれない。

たから船の創業した当時、京都の市街地にはすでに多くの西洋料理店が営業していた（表5-3）。京都で洋食の店がひろがりをみせたのは明治後期のことで、けっして歴史がふるいというわけではない。

西洋料理も至る所にあるが、前の牛肉店《ぎうにくや》でもカツレツやスチウやビーフステエキ位は御注文に応ずるのである、洋食でも外国人相手のホテルなどは、もとより申分はないけれども、其

他ありふれた西洋料理店《せいようれうりや》のは、甚だ感心されないのが、多いのである。(8)

このように、当時（明治後期）の西洋料理に対する評判はかんばしくなかったが、明治四十五（一九一二）年春に来洛した谷崎潤一郎は、はからずも洋食店のひろがるさまを目の当たりにしていた。

案内されたのは、麩屋町の仏国料理萬養軒と云ふ洋食屋である。近来京都の洋食は一時に発達して、カツフエ、パウリスタの支店迄が出来たさうな。此処の家《うち》もつい此の頃、医者の住居《すまゐ》を其れらしく直して、開業したのだが中々評判がいゝと云ふ。矢張日本造りの、畳の上へ敷物を布いて、テーブルや椅子が置いてある。五坪程の奥庭に青苔が一面に生えて、石燈籠の古色蒼然たる風情など、洋食屋には少々勿体ない。(9)

「近来京都の洋食は一時に発達して」と指摘されるように、西洋料理を専門とする飲食店の増加していたことがうかがわれる。それまでは宿泊施設がレストランを兼業しており、(10)明治後期になってようやく専門店が登場してきた。

このとき谷崎が昼食の接待を受けたのは、現在も京都の西洋料理界における老舗中の老舗として営業をつづける、明治四十三年に開業したばかりの「萬養軒」であった。「医者の住居」を転用し、畳の上にテーブルとイスを置くなど、二〇〇〇年代に流行した「町家フレンチ」を先取りするようなスタイルである。

明治後期から大正期を通じて開業した西洋料理店で注目されるのは、表5－3中に太字で示した店舗が、立地や業態を少なからずかえながらも、現在まで営業をつづけていることだ。当初の「甚だ感心されない」状態を脱して、これらの洋食店は京都の外食産業としてしっかりと根をおろしている。

表5－3　昭和初年の西洋料理店

店　名	立　地
萬養軒	四条麩屋町東
矢尾政	四条大橋西詰
矢尾政（北店）	四条大橋西詰
菊水館（本店）	四条大橋東詰
菊水館（支店）	四条寺町角
東洋亭（本店）	河原町三条下
東洋亭（支店）	四条大和大路東
ノーエン	四条縄手東
一養軒	東木屋町四条上
三養軒	大和大路四条下
富久家	宮川筋五丁目
開陽亭	祇園石段下
開陽亭（支店）	烏丸四条下ル
江戸カフエー	新京極四条上東
京阪食堂	縄手三条下
開晴亭	烏丸松原上
スター食堂	新京極錦天神前
村瀬食堂	寺町錦小路上
サロン・コマドリ	四条柳馬場東

表5-4　洋食店のチェーン展開（昭和初期）

店	本　店	支　店
東　洋　亭	河原町三条下	1　祇園町　2　河原町丸太町　3　二条寺町 4　三条新町　5　島原大門前　6　河原町仏光寺
萬　養　軒	四条麩屋町東	1　大毎食堂　2　四明嶽食堂　3　八瀬食堂
スター食堂	寺町錦上	1　スターバー（新京極錦） 2　スターソーダファウンテン（新京極四条上） 3　スター食堂西陣分店（千本中立売上） 4　スター食堂出町分店（河原町今出川上） 5　祇園スターソーダファウンテン（四条縄手東）

（2）立地の選択と展開

西洋料理業　店主高橋銀次郎氏は明治三年茨城県香取に生る。青年時来京、西洋料理業三陽亭に厨夫として斯業を修得し後大阪ホテルに転じ勤続三年更に神戸イリス商会の司厨となりて手腕を磨き同三十四年現所に開業、熱心努力の結果大に業績を挙げ大正四年営業所を新築せり…〔略〕…[11]

現在にまでつらなる西洋料理店のなかでも、いちはやく明治三十年代に河原町三条下ル西側（現在の「アサヒビアレストランスーパードライ京都」があるところ）で開業した「東洋亭」は、京都の洋食史を考えるうえできわめて重要となる。それはひとつに京都西洋料理界の嚆矢であるからなのだが、大正期以降、じつに特徴的なチェーン展開——すなわち支店の立地選択——をしたことも見逃すわけにはいかない。

表5-4は東洋亭、萬養軒、そして昭和に入ってあいつぐ新

規出店をはたした新進の洋食店「スター食堂」の支店をまとめたものである。表5－3をみると、矢尾政は四条通をはさんだ北側に、菊水館は四条通に面した寺町通との交差点の角地に、開陽亭は烏丸四条下ルに⑿と、それぞれ支店をもうけていた。こうしたなかで、表5－4に示した三店の支店はいずれも三軒以上をかぞえる。

戦中から戦後にかけて、東洋亭と萬養軒は支店を廃して本店に統合していく一方、昭和三十年代後半のスター食堂は、総本店（寺町錦上ル）を筆頭に、京極（新京極四条上ル）、祇園（四条縄手東入ル）、河原町（河原町四条上ル）、西陣（千本一条上ル）、大宮（四条大宮東入ル）、展望閣（比叡山頂）、八瀬（八瀬遊園地内）、彦根（滋賀県）と八つの支店を展開する⒀。この展開は表5－4に示される昭和初年の立地を基盤としていることがはっきりとわかる。序章で概観した八瀬遊園地にも出店していることなどは興味のもたれるところであるが、比叡山の山頂にまでいたる、まるで萬養軒のあとを襲うような進出もおもしろい。

萬養軒の支店は、資料とする広告によって、いくらか異同がある。たとえば、大正十五（一九二六）年の新聞広告には、「四明嶽出張店」と「八瀬出張店」のほかに、「南座出張店」ならびに「メービル食堂」（四条東洞院角）とが記載されていた⒁。「メービル食堂」は、四条東洞院北西角の明治銀行支店ビルに出店していたのだろう。

昭和四（一九二九）年の新聞広告では、「四明嶽食堂」と「八瀬食堂」しかない。前者はケーブルカーの四明嶽駅の駅舎階上にあり、「客席三百」と宣伝されている。同じく後者は「民衆的簡易食堂」という位置づけであった[15]。

表5-4にもどると、萬養軒の「大毎食堂」とは、現在は三条通の近代建築「1928ビル」として知られる、旧大阪毎日新聞京都支局の地階にはいっていた支店である。谷崎潤一郎が訪れた当時の萬養軒は、麩屋町錦小路上ル梅屋町に位置していた。谷崎は「市区改正で、電車路を取り拡げてゐる四条の大通[16]」と素描していたけれども、東京でいうところの「市区改正」、すなわち京都市の三大事業（琵琶湖疏水の開削、上下水道の整備、道路の拡幅ならびに市電の敷設）にともなう四条通の拡築事業を契機として、萬養軒は四条麩屋町東入ルの奈良物町へと移転する。

四条通の新しい本店は、京都電気鉄道の大澤善助の助言にしたがって、建築界の権威である武田五一に設計してもらい、大正二（一九一三）年に開業した。昭和三（一九二八）年に新築された大阪毎日新聞京都支局（現・1928ビル）もまた武田の設計である。

武田は本店のサロンにフランス語の「ランデヴー」をもじって「鸞庭房」と名づけ、その名称が萬養軒の七十五周年を記念する社史のタイトルにも採用されたことを考えるならば[17]、「大毎食堂」は武田との縁故において開設されたとみることもできるだろうか。

明治四十五（一九一二）年四月、京都駅に降り立った谷崎が向かった先は大阪毎日新聞の京都支局であった。滞洛記「朱雀日記」は四月二十七日から五月二十八日にかけて、計十九回にわたり『大阪毎日新聞』に連載される。到着直後の谷崎が、「昼食でも」と饗応されたのが萬養軒だ。谷崎の訪問の翌年に新築移転された本店を設計した武田は、のちに京都支局の設計にもたずさわる。その京都支局新館の地階には萬養軒の支店が配された。ここに作家・建築家・新聞社・西洋料理屋の不思議な連関がうかびあがる。

最後に東洋亭である。昭和五（一九三〇）年の時点で、六つの支店を有していた。まず目につくのは、河原町通における配置であろう。本店の開業した明治後期は、路面電車のとおる木屋町通が幹線道路で、河原町通はどちらかと言えば裏通りであった。

しかしながら、丸太町-四条間が大正十五（一九二六）年に、翌昭和二年には四条-七条間も拡幅工事が竣成して市電が開通したことで、河原町通は表通りの地位を確立する。当時は京都の「銀座」へと発展することが期待されていた(18)。東洋亭は、この拡幅された河原町通で本店を南北から挟み込む、いや文字どおり支えるように、新店舗を配置したわけだ。二条寺町は「四条河原町」の交差点が誕生するまではホットスポットのひとつであったから、新旧バランスよく立地選択のなされていることがわかる。

ここで注目しておきたいのは、《祇園町》ならびに島原大門前という支店の位置である。前者は《祇園新地甲部》の中央部を東西に貫通する四条通に、後者は由緒ある《島原》の大門前にと、いずれも近代京都を代表する花街と密接していたわけだ。

(3)《祇園町》の飲食店

本章の冒頭で言及した「たから船」は、じつのところ四条通に面した祇園町南側、袋物の老舗として知られる香鳥屋（建物は現在、京都市の歴史的意匠建造物）の西どなりで昭和二（一九二七）年に創業しており（当時の表記は「宝船」）、戦後になって北側の裏通り（富永町）へと移転した。たから船の創業当時、《祇園町》の街路景観はいかなるものであったのだろうか(19)。

　ここで、当時の四条通を石段下から四条大橋に向かって歩いた人物の語りに耳をかたむけてみたい。それは、田辺聖子の小説『道頓堀の雨に別れて以来なり』の主人公、川柳作家・岸本水府《きしもとすいふ》（一八九二～一九六五）の「十二段家、平の《ママ》家など異色のある料理屋、東洋亭、ノーエンなどのカフエーの灯りを眺めながら歩を移すと間もなく南座の櫓が見へて来る」という短い語りである(20)。

　水府の目に映った昭和初年の街路を彩る景観要素は、特色のある料理屋にくわえて、新しいサーヴィス業として隆盛をきわめていた「カフエー」であった。《祇園新地甲部》の芸妓が、「祇園の最初のカフエーは東洋亭どす。次にノーエンどすナア。(21)」と述べるように、水府のあげたふたつのカフエー、すなわち「東洋亭」と「ノーエン」は、《祇園町》で最初期に立地した店舗とみてよい。

　近代京都のカフエーについては、斎藤光『幻の「カフェー」時代』に詳しいが、斎藤によると、ギオン・カフエーは大正元（一九一二）年十一月、ノーエン（農園）は大正二（一九一三）年夏の開業であった(22)。「僕の記憶に誤りがなければ、京都におけるカフエーの始まりは、今もその名を石段下に伝へてゐるギオン・カフエーであつたと思ふ。まだその頃は一階建の薄暗い東洋亭であつた(23)」、あるいは「花見小路を少し西へ行つたところの南側に東洋亭『祇園カフエ』というのがあった」[24]という語りもみられるので、よほど記憶に残る存在であったにちがいない。

東洋亭の祇園支店である「ギオン・カフエー」の開業に際しては、創業者である高橋銀次郎が「芸妓が座って居心地のよい奥深いボックスを発明した」[25]と語っており、南北《祇園新地》の中央に位置する地の利をいかすべく、芸妓の来店を想定したつくりにしていたことがわかる。

コロッケやスパゲティを食べる芸妓たちの姿を横目にみつつ、池波は「いかにも祇園町の洋食屋らしい雰囲気」をたから船に感じとっていたが、東洋亭の祇園支店はまさに花街志向型洋食店のさきがけであった。事実、同店は昭和十年代になると、「新祇園情緒は　祇園　東洋亭グリルへ」[26]と宣伝するようになる。

このような花街とその周辺に立地する洋食店の特色を「色町洋食」と名づけて、いちはやく指摘した人物がいる。喜劇役者にして文筆家でもあった古川緑波《ふるかわろっぱ》（一九〇三〜一九六一）である。

3　花街のエクステンション

（1）古川ロッパの洋食論

古川緑波さんの「色町洋食」という概念は、実に的確そのものズバリで、平たく言えば最も日本的な洋食が「色町洋食」で、洋食がまだぜいたくな頃、もっぱら浪費ずきの色町の客の

> ための洋食屋ができ、そこでは調味その他を洋食に不馴れな客にコビヘツロうて作ったものである。東京・京都・大阪にはまだこの「色町洋食」があって、カタカナの新しい名がついていても、うっかりするとこれにぶつかる。[27]

これは大久保恒次の説明である。別のところで彼は、次のようにも述べている。

> 大阪の洋食もホテルからはじまったが一方また芸者のいる花柳街に洋食屋ができた。当時ぜいたくとみられていた洋食は、色町（花柳街）でないとなりたたず、ここでは色町洋食という日本化した洋食がつくられていた。[28]

当のロッパはといえば、「僕の遊蕩は、各花街の洋食と共に在つた」[29]ことを認めつつ、

> ところが、僕は、色町洋食なんて、うまい言葉は使つたことがないんだ。僕の所謂日本的洋食を、大久保さんが、うまいこと言い変へて下さつたもの。然し、色町洋食とは、又、何と、感じの出る言葉だらう。[30]

と語っていた。

ロッパの〈食〉にまつわるエッセー「ロッパ食談」が『あまカラ』誌上で連載されはじめるのは、昭和二十八（一九五三）年二月の第十八号からである。[31] ロッパは洋食に関する話題を六回つづけて取り上げており、そのなかで「日本的洋食――日本化された洋食――」[32] について繰り返し言及したものの、たしかに「色町洋食」という言い方はしていない。

大久保が「色町洋食」という呼び方をした『うまいもん巡礼』の初版は昭和三十一年発行であるから、これはまちがいなく彼のあみだした造語である。「不馴れな客にコビへツロうて作ったもの」と見下す大久保に対し、ロッパは「何と、感じの出る言葉だらう」とじつにポジティヴだ。しかも東京出身のロッパは言葉づかいのちがいを見逃さなかった――「もつとも、これは関西でないと通じない、東京では、色町とは言はないから」[33]。

そう、上方では花街（かがい）を廓（くるわ）ないし色町（いろまち）と呼ぶ。ロッパはつづけて言う――「色町洋食といふ言葉が、一番ピッタリ来るのは、無論東京ではない、大阪でもなく、それは京都であらう」[34]、と。

その京都に彼は、「色町洋食」の明確な特色を見いだす。

祇園の三養軒、木屋町の一養軒など（京都には、何養軒と名乗る洋食屋の如何に多き）の、第一、入つたところの眺めが、他の土地には見られない、建物なり装飾ではあるまいか。カーテンで、やたらに、しきつて、お客同士が顔を合はせないやうになつてゐる。だから、何処のテーブルに就いても、たちまちカーテンで、しきつて呉れる。

…〔略〕…

つまりは、これ等の洋食屋は、レストランといふよりは、花柳界の、色町の、延長と言つてもいゝだろう。

だから、かういふ店には、ボーイに、古老の如きオッサンが必ずゐて、痒いところへ手の届くやうなサーヴィスをして呉れる[35]。

花街の〈延長《エクステンション》〉空間としての洋食店。これが遊蕩の経験から実感された「色町洋食」最大の特色である。

(2) 出前と出張所

「京都には、何養軒と名乗る洋食屋の如何に多き」とロッパが述べるように、たしかに「～養軒」を複数確認することができる。しかも花街とその周辺に、である。

ロッパのあげた「一養軒」は《先斗町》と背中合わせの立地であるし（木屋町四条上ル）、「三養軒」は《祇園新地甲部》の近傍である（大和大路四条下ル）。このあとにみる「五養軒」は祇園町南側の花見小路に立地していた。北野天満宮の門前に開けた《上七軒》には「北養軒」もあった。

色町洋食は「養」ばかりではない。《祇園町》の「たから船」が昭和二年に、その東端にあたる「石段下」には「開陽亭」が大正六（一九一七）年に開業していた。(36)

そうだ、今、木屋町《ママ》に店を持っている「開陽亭」が戦前石段下をちょっと上った、電車通りにあった。ここの洋食は、いかにも大正時代の味わいがあり、祇園界隈でその頃、フランス呼びの料理の名前などがメニューにしるしてあったのはここだけであったのではないかと思う。古風なフランス風の店の中には、夜更まで御座敷くずれの、芸者、旦那がとぐろをまいていたものだ。(37)

大正生まれの池波正太郎（一九二三～一九九〇）が「昭和初期の洋食の香り」をもとめつづけたのに対して、明治生まれの依田義賢《よだよしかた》（一九〇九～一九九一）は「大正時代の味わい」をなつかしむ。お茶屋の座敷から流れた酔客がとぐろをまいていたというあたり、いかにも花街の〈延長〉空間たる色町洋食店らしい。

八坂神社の鳥居前にあたる元花街《下河原》には、「富士屋」（「グリル富士屋」）が大正二年に誕生している。

……〔略〕……今年で創業100年を迎えるというから「富士屋」の開業は大正2年ということ

になる。この時分、京都ホテルで洋食を学ぶということは、筋金入りのフレンチ修行に他ならない。ホテル以外でも寅吉の料理が食べたいと、ある客に熱望され、ホテルと掛け持ちで馴染み客用にこっそり食べ処を作ったのが店の始まりである。祇園の花街が近いことからも、寅吉が作るハイカラ洋食はたちまち芸舞妓の間で評判となった。旦那衆がお茶屋から頼む出前だけで店が賄えたというから、当時の人気ぶりがよく伝わってくる。[38]

《宮川町》で現在も営業をつづける「グリル富久屋」の歴史もふるい。

花街では和食のイメージが強いが、洋食も長年愛されてきた。五花街の一つ、東山区の宮

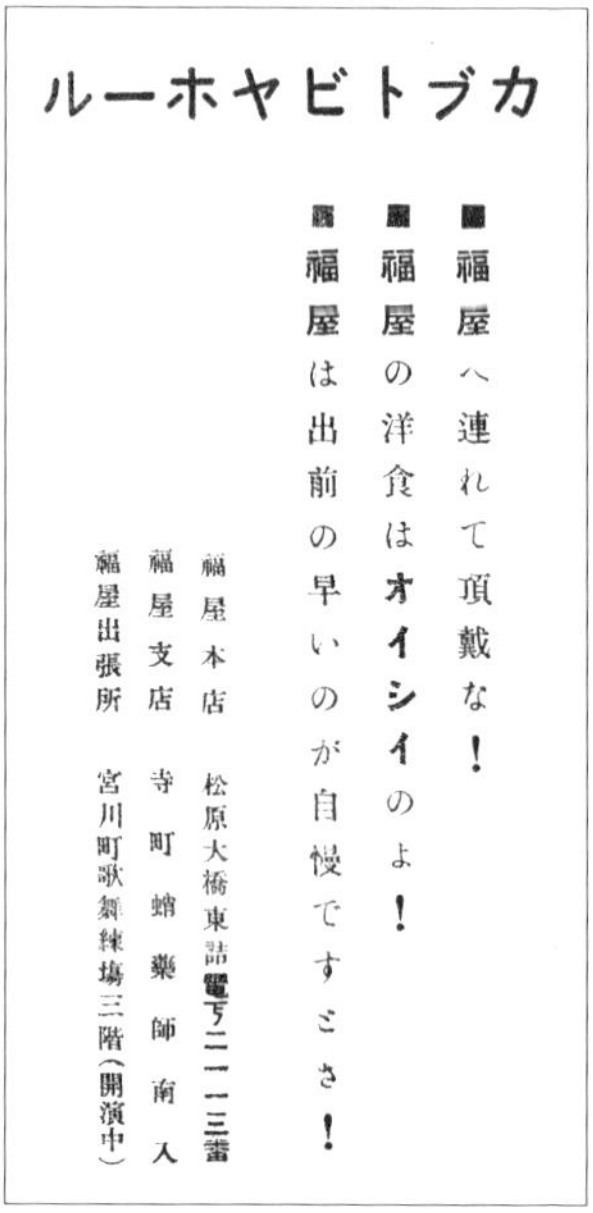

図5-1　福屋の広告

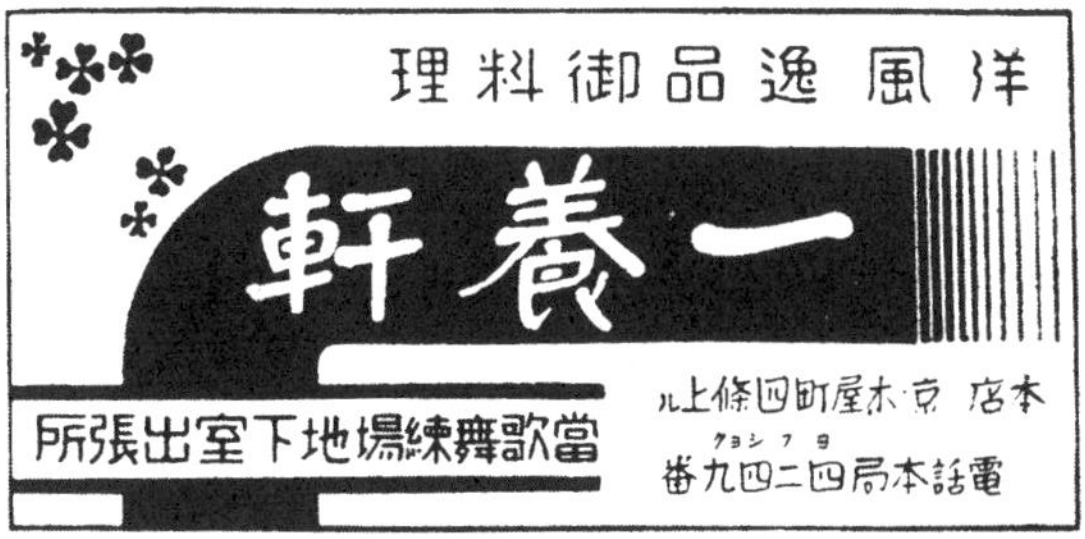

図5-2　一養軒の広告

川町には、創業110年の洋食屋「グリル富久屋」がある。店内には常連の芸舞妓の名前が入った「京丸うちわ」がずらりと並ぶ。

名物の「フクヤライス」は、「オムライスにもっと具がほしい」という芸妓のリクエストで、80年ほど前に生まれたという[39]。

平成二十九（二〇一七）年で一一〇年目というから、明治四十年前後の開業ということになるだろう。実際、明治末年の「西洋料理業」のひとつに「カブトビヤホール　西洋料理　喰パン」の「福屋」（松原大橋東詰北側）があげられている[40]。京都の色町洋食としては最古級の店舗だ。

「福屋」（現・グリル富久屋）の大正期の広告をみると（図5-1）、寺町通の商店街のなかに支店をかまえる一方で、温習会かなにかの「開演中」にかぎり（当時はまだ「京おどり」はなかった）、《宮川町》の歌舞練場内に「出張所」をもうけていたことがわかる。〈延長〉という以上のつながりを有していたのだ。この点は木屋町に立地する一養軒も同じで、「鴨川をどり」の開催期間中、《先斗町》の歌舞練場地下に「出張所」を開設していた（図5-2）。

出張所ばかりではない。「福屋は出前の早いのが自慢ですとさ！」とあるように、「富士屋」と同様、出前をしていた。これもまた色町洋食の特色のひとつなのであろう。

（3）色町洋食のスタイル

ここで当時の色町洋食の内実を知ることのできるグルメ記事を取り上げてみたい。古川ロッパは一養軒と三養軒を引き合いに出していたが、祇園町南側の花見小路に立地した五養軒に関する山川美久味のリポートである[41]。美久味は筆名であろうか。『洛味』の創刊期にいくつかの興味ぶかい記事を寄せているものの、詳細はさだかでない。『銀座』などで知られる松崎天民（一八七八〜一九三四）にも知己を得ていたようだから、同じ業界人（ライター）であったものとおもわれる。

この記事については、『酒場の京都学』でもふれたが、いまとなっては資料的な価値もあるので、ここでは三ページにまたがるのをいとわず全文を引用しておきたい。

祇園花街の真ん中にフランス料理で人気のよい五養軒。こゝの料理は少々薄口である。なぜだらう。いつ食べても味に変りがないのだから、その日〳〵の成行で味つけをするわけでもない〔。〕西洋料理のうちで一番淡白なのがフランス料理だらうけれど、薄口に加へて心持ちあまい舌ざわりがする。かくの如く調味の細かさには、何か曰くがありさうに思ふ。

梅雨晴れの昼さがり、閑寂な花見小路、廓の日中《ひなか》は我々の夜中である。僕はマスターを訪ねて刺を通じた。心よく迎えてくれたのがサロンである。僕は自分の感じた五養軒の味覚を話してから?を質問した。彼氏は眉宇に強さうな意志を表示しながら「さうです、君の舌は鋭敏ですネ、祇園廓を的に営業してゐるのですから、伝統に培はれた廓の好みをよく知つて、それに合ふ味を作つてゐるだけです」と、さも自信ありげに言ひ切つた。

この機会に彼氏から種々料理哲学の講義を聞かされた。

マスターはこの店が開業した頃から客として屢々出入した。前営業者がある事情でやめることになつて、つひに客が主人に転向した。奇縁である。そして以前に増して繁昌してゐる。その体験から次のやうな理論が生れた。料理店引き継ぎ経営は、玄人よりも素人がよく、素人のうちでもその店の客であつたものが一番適任である。客として永い間に多方面に亘る批評眼が出来てゐるからである。では現在の営業振りは、来客本位である（出前も四人がかりで忙しいが）。場所柄、おつればかりといつてもよい位である。それ故ボーイのサーヴイスは複雑多芸、非常に六ケ敷《むつかし》いさうである。お客と芸妓、お客と舞妓、芸妓同志、芸妓と舞妓、舞妓と仲居、お客と仲居……といった具合に、其組合せ如何によつて席の雰囲気が違ふのだから、二重サーヴイス、三重サーヴヰス……となる。こゝのボーイは第六感の天才でなければ勤まらない。マスターもボーイの訓練を第一義としてゐる。それが営業時間中ばかりでなく、昼間浴衣がけでぶらりやつてくる彼女達に対しても、こちらは浴衣気分でばかりいられないと。

ルームは大体ボックス式に別れてゐる。ある程度のエログロナンセンスは廓の慣《ならひ》として看過してよい。然し近代的悪趣味の遊戯は絶対皆無。その点は流石天下の名妓を以て自負する彼女達である。

僕のペン行脚はまだ〳〵先へ急がねばならない。この辺で締切りにしたい。試にどこの舞妓さんにでも尋ねて見たまへ。「この辺でライスカレーをおいしく食べさすところはないかね」と〔。〕「五養軒のライスカレー、あて一番好きやわ」ときつと誘惑されるから。それ程五養軒のライスカレーはサンドウヰツチとともに廓雀の評判になつてゐる。

フランス料理の人気店「五養軒」を山川美久味が訪れたのは、いつ行っても変わることのない薄味にひっかかりを覚えたからであった。昼間の閑散とした花見小路を抜け、サロンに通された彼は、直截に質問をぶつける。

すると店主（マスター）は、《祇園》という廓（＝花街／色町）の客を相手に商売している以上、「伝統に培はれた廓の好み」に「合ふ味を作つてゐるだけ」だと言い切る。店主自身がもとはこの店の客として出入りしていたことから、文字どおり客観的な「多方面に亘る批評眼」が養われていたがために繫昌店へと育てあげることができた、というのも主みずからの弁だ。

味のみならず、「場所柄」に応じた営業形態・サーヴィスのありようも見逃すことはできない。冨士屋や富久屋と同様に出前もし、しかも「四人がかり」であるというから、その盛業ぶりがうかがわれる。ロッパの経験したカーテンで仕切られるテーブル席はないものの、「絶対皆無」とはいえ「近代的悪趣味の遊戯」も可能となるようなボックス席のつくりは、あるいは高橋銀次郎の発明した祇園カフエーの様式にならったのかもしれない。

その祇園カフエーは、

> 映画のかえりなど、ときどき立ちよつてビールをのんだものだが、祇園の芸者や舞妓が客につれられてきて、つつましやかにおちよぼ口で、えびフライか何かを食べているのを見かけることもあつた。白いエプロンをかけた女給たちもいたつて素朴であいそよくビールをついでくれたが、客席にはんべるようなことはしなかつた。要するに「西洋料理店」が一歩「かふええ」に近づいたようなものだつたが、私たちはそれで結構楽しんでいたのだ。[42]

と回顧されている。

「祇園の芸者や舞妓が客につれられて」くるところなどは、いかにも〈延長〉空間としての色町洋食的であるのだが、五養軒との決定的なちがいはボーイではなく女給をおいていたことだ。ロッパのいう「痒いところへ手の届くやうなサーヴィス」、それは来客の複雑きわまりない組み

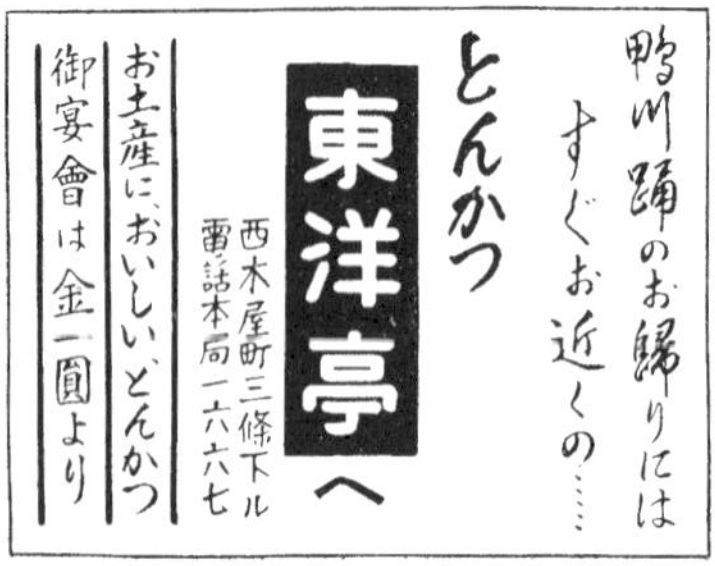

図5-3　「とんかつ」を掲げる東洋亭

合わせを瞬時にみわけ、客をエスコートしてつねに気を配る、訓練を要すると同時に天才と呼ばれるほどに第六感をも磨かねばつとまらない職掌であった。

この意味における「色町洋食」は、女給をおいてサーヴィスしたカフエーともども、もはや存在しないだろう。

4　洋食店は花街へ

(1)　老舗の動向

花街とその周辺に開花した日本的な洋食文化。池波正太郎の愛した「たから船」は、草分けとなる店のひとつであったとみてよい。戦前は四条通の南側に位置していたものの、彼が訪れたころには、「お茶屋」街のど真ん中に移転していた。じつのところ、洋食店の多くが草創の地を離れて移転を繰り返しているのだが、そこにもまた興味ぶかい志向性が看取される。

たとえば、京都洋食界の最古参である東洋亭は、昭和十年代

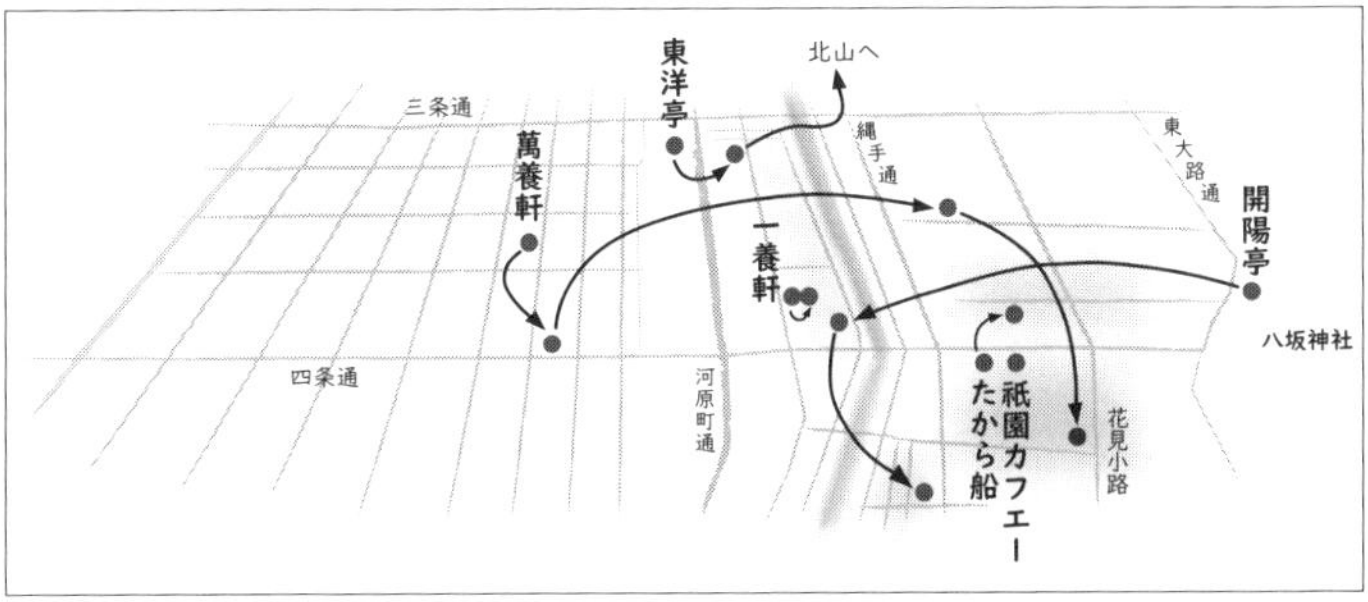

図5－4　洋食店は花街へ

に創業の地である河原町三条下ル西側を離れ、西木屋町三条下ルの角地（南大黒町）へと店舗を移し「とんかつ」の専門店となった（図5－3）。河原町通から西木屋町通へ移転したこと、それは《先斗町》への接近を意味する。事実、歌舞練場とは目と鼻の先に位置し、「鴨川踊のお帰りにはすぐお近くの……とんかつ　東洋亭へ」と宣伝していた。

戦後の東洋亭は、昭和三十年代をつうじて「夜の街」へと変じた西木屋町の喧騒をさけるかのように、昭和四十一（一九六六）年、近郊の北山へと拠点を移して現在にいたる。花街志向から転換したわけだ。

もうひとつの老舗である萬養軒もまた、興味ぶかい立地選択を繰り返す。すでにみたとおり、明治末年に拡築された四条通に移って九十年近く営業したのち、平成十三（二〇〇一）年には《祇園新地》北端の新橋通に、さらにその十年後には祇園町南側の歌舞練場の西向かい角地へと転じていまにいたるのだ。ロッパのいう「色町洋食」とはもっとも縁遠い老舗フランス料理店が、京都を代表する花街の中心を選択したのである。

石段下に創業した開陽亭は、結果として二度にわたり鴨川をまたぐ。戦後、昭和二十四（一九四九）年に《先斗町》南部の鴨川べりへと移り、いままた鴨川をこえて《宮川町》の近傍に新築移転するという。昭和三十四年には祇園町南側で「新開陽亭」も開業するなど(43)、一貫して花街が志向されていた（図5－4）。

戦後は以上のような老舗洋食店の立地変動にくわえて、お茶屋の建物を転用するなどして創業する店舗も登場してくる。《上七軒》の「萬春」はお茶屋の名をそのまま継いだフランス料理店で、後知恵をもってすれば「町家フレンチ」の先駆ともいえようか（二〇一四年閉店）。ここも「カツサンド」の土産が人気であった。

（2）ビーフ・ステーキにお茶漬けを

戦後京都の洋食史を考えるうえで忘れることのできない一軒、それは井上甚之助をして「京都で、いちばんうまい洋食屋」と言わしめた、昭和二十二年創業の「つぼさか」にほかならない。池波正太郎も「花見小路の〔ツボサカ〕で、ビーフ・ステーキを食べようと思い、久しぶりに行った」と記しているところをみると(44)、少なからずなじみがあったようだ。

「祇園町の北側、廓の中にあって、場所がら、口の肥えたお客を相手に、うまくならざるを得なかった」とは、井上の解説である(45)。他方、「『洋食やったらつぼさかハン』と、舞妓や芸妓たちに評判になった」と紹介する臼井喜之介は、カウンター席の前で料理されるさまをみて「板前洋食」と称したのだった[46]。

井上亡き後に『京都味覚地図』で「つぼさか〈洋食〉」の項目執筆を引き継いだ國分綾子は、

> ……〔略〕……コロッケは小さくて、カリリと揚がって、いかにも祇園らしいあっさりした舌ざわり。
>
> 総じて、きれいで、コクがあって、油っこくなく、もしお茶屋の女将や芸妓、舞妓さんが食べにきても、抵抗なく食べられるところが祇園らしい[47]。

と賞賛する。傍点をふって強調しておいた〈祇園らしさ〉をめぐっては、三者共通して言及した事柄がある。

> 最後にお好みとあらば茶碗に箸をそろえ、漬物を添えて、お茶漬の心配までしてくれるところ、いよいよもって土地柄であり、京都風である[48]。（井上）
>
> あとでお茶漬のほしいときは、お漬ものと御飯とお茶を出してくれる。これも祇園町らしい行き方である[49]。（臼井）

終わるとお茶漬のうすいご飯茶わん、それからおいしい自家製塩昆布、つけものなどを、箸や番茶まで細かい心づかいで出してくれるから、ますます祇園らしいと喜んでしまう。(國分)(50)

洋食にお茶漬け——なんとも京都的、なかんずく祇園的というべきであろうか。池波は「ビーフ・ステーキ」と書いていたけれども、グリルつぼさかの名物はポタージュスープ、照り焼きステーキ、サラダ、お茶漬、冷菓、デミコーヒーをセットにした「照り焼き定食」であった。「独特の甘辛い和風タレでぴかっと照り焼き」にされたステーキには、水にさらした玉ねぎのみじん切りをお好みでかけると、味わいにいっそうの深みがでたという。現在、二寧坂にあるカウンターだけの人気店「洋食の店　みしな」もまた「お茶漬」のつくことで知られているが、そのさきがけは色町洋食「つぼさか」にあった。(51)

「うちはレストランと呼べる様な代物ではございません。家族の者だけで、どこにでもある古くさい料理を、ごく基本的な方法で作る、言うてみたら化石洋食屋です」(52)とは、当時の主人の弁。グリルたから船の主人の語りともつうずるこの料理観が、池波を惹きつけてやまなかったにちがいない。

（3）最後の色町洋食

然しねえ、木屋町の一養軒あたりでさ、川のせゝらぎをきゝながら、一献やりの、海老のコキールか何かを食べながら、ねえ、あの妓の来るのを待つてる気持なんてものは、ちよいと又、寄せ鍋を突つつきながら、レコを待つてるのとは違つて、馬鹿にハイカラでい、心持のもんだ。(53)

図5-5　一養軒のア・ラ・カルト

古川ロッパの訪れていた当時、一養軒は木屋町通に面していた。高瀬川の水量は少なく、実際には店内でせせらぎが聞こえることなどあるまいが、それが一養軒の雰囲気だったのだろう。

一養軒は昭和五十三（一九七八）年に遠見遮断の路地奥に移り――そのぶん《先斗町》に近づいた――、隠れ家的な洋酒レストラン（洋食

表5-5　物産館と一養軒に共通するメニゥ

物産館（昭和初年）	一養軒（2015年）
御定食（１円）	御定食（3,030～5,400円）
海老フライ（50銭）	エビフライ（1,080円）
チキンカツレツ（50銭）	チキンカツレツ（1,300円）
ビーフカツレツ（35銭）	ビーフカツレツ（1,730円）
ビーフステーキ（50銭）	ビーフステーキ（3,240円）
チキンソテー（50銭）	チキンソーテ（1,300円）
ミンチボール（35銭）	ミンチボール（710円）
ハムエツグス（40銭）	ハムエッグズ（920円）
チキンライス［コーヒ付］（40銭）	チキンライス（980円）
ハイシライス［コーヒ付］（35銭）	ハイシライス（1,520円）
サンドウヰツチ（40銭）	サンドウィッチ（870～1,620円）
野菜サラダ（25銭）	野菜サラダ（710円）
ハムサラダ（40銭）	ハムサラダ（870円）
アスパラガス（35銭）	アスパラガス（640円）

バー?）として営業をつづけている。大正十一（一九二二）年に開業したというので、百年をむかえたわけだ。

洋酒のボトルがずらりとならぶ棚の前のカウンターに腰をかけ、古びたアラカルトのメニゥをみているだけでも、「昭和初期の洋食の香り」がしてくるかのようだ。ロッパも口にしたであろう「エビコキール」もみえている（図5-5）。

「ハイシライス」（ハヤシライスではない！）などの文字を目にすると、物産館のメニゥが思い出される。こころみに物産館と一養軒に共通する一品料理を抜き出してみよう（表5-5）。単純な比較はできないけれども、特段に高騰したビーフ類をのぞけば、二三〇〇倍程度の価格上昇である——などと、いかにも味気のない計算はここまでとし、双方の品目をみくらべるならば、一養軒のメニゥは昭和そのままではないか。「ハムエッグズ」（複数形）に「ハイシライス」と、口に出してみればその音韻までもが食欲をそそる。

遠見遮断最奥の店内にはカーテンの仕切りもなく、ボーイもいないけれども、いまも昭和「色町洋食」のかおりをたしかにたたえている。

注

（1）池波正太郎「食卓の情景（連載　第二十九回）祇園祭　その一」（『週刊朝日』第七十七巻第二十九号、一九七二年）、六六―六七頁。同『食卓の情景』新潮文庫、一九八〇年、一六八頁。

（2）國分綾子『厳選　京都味しるべ』駸々堂、一九九一年、一四六―一四七頁。

（3）『月刊京都六月号』通巻第九十七号、一九八七年、二二頁。

（4）前掲、池波正太郎「食卓の情景（連載　第二十九回）祇園祭　その一」、六七頁。

（5）前掲、『月刊京都六月号』、二二頁。

（6）筆者所蔵の物産館「新館御案内」（パンフレット）より。

（7）『京都日日新聞』昭和三年九月五日。

（8）変通子「京都の飲食店」（佐々政一編『夜の京阪』第十六号、金港堂、一九〇三年）、六三―六九頁。引用は六五頁より。

（9）谷崎潤一郎「朱雀日記（二）」（『大阪毎日新聞』明治四十五年四月二十八日）。なお、旧字体は常用漢字にあらためている。

（10）この点については、次の文献を参照されたい。加藤政洋『酒場の京都学』（ミネルヴァ書房、二〇二〇年）、第3章。

（11）帝国興信所京都支社編『京都商工大鑑』帝国興信所京都支社、一九二八年、二六九頁。キャピタル東洋亭のウェブサイトには明治三十（一八九七）年五月一日に「東洋亭ホテル開業京都で最初の洋食を提供する」とあるので、この記述よりも数年はやいようだ。キャピタル東洋亭ウェブサイト（http://www.touyoutei.co.jp/company/history/）、最終閲覧日二〇二一年一月五日。

（12）京都中央電話局編『京都市電話番号簿』（京都中央電話局、一九三八年、七二頁）には、「開陽亭支店　別所常一　烏丸、四条下　西洋料理」とある。

（13）日本電信電話公社近畿電気通信局編『京都市職業別電話番号簿』日本電信電話公社近畿電気通信局、一九六四年、七五三頁。

（14）『京都日日新聞』大正十五年七月二十四日。

（15）『京都日日新聞』昭和四年七月十七日。

（16）前掲、谷崎潤一郎「朱雀日記（二）」。

（17）プランニング・サーティーン編『鶩庭房』萬養軒七十五周年記念出版編集室、一九八五年。

（18）『京都日日新聞』大正十五年六月三十日（夕刊）。

（19）詳細は次の文献を参照されたい。加藤政洋・河角直美「近代京都における主要商店街の店舗復原――《祇園町》を事例とした方法の検討――」（『歴史地理学』第六十二巻第四号、二〇二〇年）、一一一七頁。

（20）岸本水府「京阪神盛り場風景」（酒井真人・岸本水府『三都盛り場風景』誠文堂、一九三二年）、八七頁。

(21) 辻ふく「四条碩と縄手」(大阪毎日新聞社京都支局編『京都新百景』新時代社、一九三〇年)、一〇五-一〇九頁。引用は一〇八頁より。
(22) 斎藤光『幻の「カフェー」時代　夜の京都のモダニズム』淡交社、二〇二〇年、六四-六九頁。
(23) 山本修二「のみある記　第十三章」(『洛味』第二十五集、一九四〇年)、七三-七五頁。引用は七三頁より。
(24) 前芝確三「春宵よもやま話　一世代前の京都をしのびつつ」(『洛味』第六十六集、一九五六年)、二一-二四頁。引用は二三頁より。
(25) 『京都料理新聞』(一九三六年二月一日)の記事を掲載した河合喜重『京都料飲十年史』(京都料飲新聞社、一九七〇年、二〇九頁)を孫引きした。
(26) 『洛味』第二号、一九三五年、五三頁。
(27) 大久保恒次『うまいもん巡礼』六月社、一九五八年、四〇-四一頁。
(28) 大久保恒次ほか編『京都・大阪・神戸　うまい店二〇〇店』柴田書店、一九六四年、二二五頁。
(29) 古川緑波「ロッパ食談〈四〉」(『あまカラ』第二十一号、一九五三年)、二〇-二二頁。引用は二二頁より。
(30) 古川緑波「ロッパ食談〈四十四〉」(『あまカラ』第六十五号、一九五七年)、五一-五三頁。引用は五一頁より。
(31) この連載は『ロッパ食談　完全版』(河出文庫、二〇一四年)にまとめられている。
(32) 古川緑波「ロッパ食談〈七〉」(『あまカラ』第二十五号、一九五三年)、一一-一三頁。引用は一一頁より。

（33）前掲、古川緑波「ロッパ食談（四十四）」、五一頁より。
（34）前掲、古川緑波「ロッパ食談（四十四）」、五二頁より。
（35）同前。
（36）國分綾子『続・カメラ　京味百選』淡交新社、一九六四年、六八頁。位置の特定に関しては、加藤政洋『酒場の京都学』（ミネルヴァ書房、二〇二〇年、九四頁）を参照されたい。
（37）依田義賢「上方味覚地図①　鴨東」（『淡交』第十四巻第一号、一九六〇年）、六六-六九頁。引用は六九頁より。
（38）『週刊トマト&テレビ京都』二〇一四年一月三日。
（39）『朝日新聞』二〇一七年三月十六日。
（40）佐藤純吉・平野熊蔵編『京都実業界』博信社、一九一二年。
（41）山川美久味「味と気分を訪ねて（三）」（『洛味』第一巻第三号、一九三五年）、八七-九三頁。引用は八九-九〇頁より。
（42）前掲、前芝確三「春宵よもやま話　一世代前の京都をしのびつつ」、一三頁。
（43）京都商工会議所調査部編『京都商工人名録　昭和三十九年版』京都商工会議所、一九六四年、四四九頁。
（44）前掲、池波正太郎『食卓の情景』、八七頁。
（45）井上甚之助「つぼさか〈洋食〉」（創元社編集部編『京都味覚地図　1969年度版』創元社、一九六八年）、五〇-五一頁。
（46）臼井喜之介『新編　京都味覚散歩』白川書院、一九七〇年、一二三頁。

(47)　創元社編集部編『京都味覚地図　1975年版』創元社、一九七五年、七七頁。
(48)　創元社編集部編『京都味覚地図　1969年版』創元社、一九六八年、五一頁。
(49)　前掲、臼井喜之介『新編　京都味覚散歩』、一二四頁。
(50)　前掲、創元社編集部編『京都味覚地図　1975年版』、七七頁。
(51)　前掲、『月刊京都六月号』、一六－一七頁。当時の主人・壺坂喜代次氏が「目を細めて〝息子さん〟」と呼んでいた「自慢の跡継ぎ」が三品寿昭氏であった。
(52)　前掲、『月刊京都六月号』、一六頁。
(53)　前掲、古川緑波「ロッパ食談〔四十四〕」、五二頁。

終章　料理の聖地から

図終－1　吉田山の山蔭神社

1　山蔭神社の玉垣

東山一条の交差点南東角には「吉田神社参道」の標柱が建つ。東一条通の東端（東大路通以東）は旧道にあたるものの、京都大学のふたつのキャンパス（北は旧京都帝国大学、南は旧第三高等学校）にはさまれているためか、およそ参道らしい景物はなにひとつ見あたらない。つきあたりには朱塗りの大きな鳥居があり、くぐり抜けると参詣者の駐車場を兼ねた砂利の参道になる。

二の鳥居からは石段で、車道との分離帯には「三高同窓会奉献」（昭和五十二年十一月）にかかる、玉垣のような石柱が最上部まで列をなす。なかには著名な地理学者（小牧實繁）の名もみえる。

石段をのぼりきった左手（北側）に鎮座するのが、吉田神社である。本宮の鳥居前から南へのびる、やや傾斜のきつい坂をのぼっていくと、すぐに菓子の神を祀る菓祖神社の参道と分岐するのだが、そのまま歩をすすめよう。吉田山の西斜面を削平して均したとおぼしき小高い平坦地には、吉田神社にゆかりがあり料理業の祖としても仰がれてきた、平安時代の公卿で四条流庖丁式の創始者である藤原山蔭を祀る山蔭神社が鎮座する（図終－1）。平野家の北村藤之助らが中心となって京都の料飲業界関係者を結集し、昭和三十四（一九五九）年五月八日に創建された[1]。

「御鎮座十周年」を記念して昭和四十四年五月に建立された、境内をとりまく計七十七本の石柱からなる玉垣には、地元京都の料飲業界をはじめとする、団体名・料理屋名がびっしりと刻まれている（図終－2・表終－1）。団体の数は少ないものの、北海道・東北から香川県まで分布している。目を引くのは東京の一四団体で、芳町や赤坂、銀座に渋谷、そして柳橋に浅草と、その

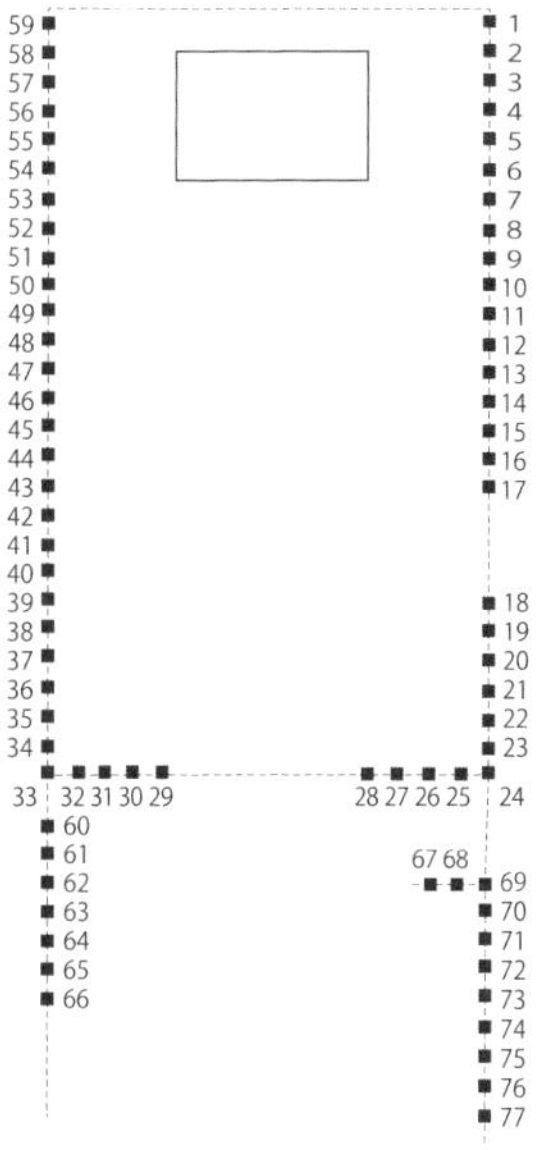

図終－2　山蔭神社の玉垣（石柱の配置）

表終－1　山蔭神社の玉垣に刻まれた文字

1	札幌割烹調理師組合 福島県割烹料理組合連合会 山形県料理飲食業組合連合会
2	札幌割烹料理店協同組合
3	山形県割烹調理師会
4	香川県割烹調理師庖友会
5	東京渋谷日本料理業組合
6	東京永田町料理業組合
7	上長者町猪熊　萬秀
8	縄手三条下　かね正
9	柳馬場押小路　かまぼこ 茨木屋
10	木屋町五條　鶴清
11	粟田口　京料理 美濃吉
12	新町錦　伊勢長
13	西陣　萬又
14	先斗町　松友
15	清水　つる家支店
16	貴船　ふじや
17	京都川端料理飲食業組合 京都七條料理飲食業組合
18	京都東山料理飲食業組合 京都洋食会
19	西陣　魚新
20	岡崎　つる家
21	総本家　河道屋
22	河道屋のれん会
23	聖護院　河道屋養老
24	清水市料理飲食業組合 旭川割烹調理師会 愛知半田料理飲食業組合 能代市料亭組合
25	明神下　神田川
26	堂島　神田川
27	西石垣　神田川
28	京都府料理飲食業組合連合会 京都五條料理飲食業組合
29	東京日本料理業組合 北海道料理店業組合連合会
30	京都料理学校　小川　旭
31	南禅寺　瓢亭
32	貴船　ひろや
33	錦　林治 新町仏光寺　矢尾勝 嵐山　渡月亭 木屋町　二條倶楽部
34	山端　平八
35	木屋町　新三浦
36	福岡　新三浦
37	祇園　新三浦
38	東洞院　鳥岩
39	料理旅館　霊山新温泉
40	新町六角　近新
41	西陣　すっぽん料理 大市

42 西陣　木藤	61 東京赤坂料亭組合
43 吉田山荘	62 東京柳橋組合
44 木屋町松原　鮒鶴	63 東京銀座日本料理組合
45 東山 高台寺畔　土井 土井貞枝	64 旭川料理業組合
46 錦　伊豫又	65 旭川花月観光株式会社 社長　渡部顕康
47 島原　らん柳井巌	66 大阪料理組合連合会
48 祇園下河原　美濃幸	67 大和料理専門学校
49 南禅寺　菊水	68 ビフテキのスエヒロ
50 京の味見世會	69 広東料理 新ハマムラ
51 力餅七條烏丸西入　西田貞一	70 西石垣　銀水
52 東京浅草三業会	71 円山真葛ヶ原　菊乃井
53 東京芳町組合	72 木屋町仏光寺　たん熊南店
54 東京上野日本料理業組合	73 西ノ京円町　沖政
55 東京鰻蒲焼商組合	74 京西陣　天㐂
56 東京四谷日本料理業組合	75 四條高倉　大江戸
57 東京京橋日本料理業組合	76 西陣店　大江戸
58 東京神田料亭組合	77 木屋町　梅むら
60 東京新橋組合	

図終－3　玉垣に刻まれた新三浦

図終－4　玉垣に刻まれた神田川

多くが花街（三業地）と関わるものだ。中部地方では静岡県清水市と愛知県半田市からの寄進もみられる。京都市内では、地域区分された料理飲食業組合（川端・七條・東山・五条）のほかに、京都洋食会（一九五五年設立）もその名を刻んだ。

他方、個別に寄進した料理屋などは京都市内の店にかぎられる。そこには本書で言及した、かね正、美濃吉、つる家、魚新、神田川、瓢亭、平八、新三浦、大市もふくまれているのだが、読者のみなさんには、35～37番に新三浦の石柱三本（祇園・福岡・木屋町）のならぶ意味がおわかりのことと思う（図終－3）。

では、25～27番の神田川はどうであろうか（図終－4）。

2　秘伝のタレ

桃栗三年柿八年、京で江戸焼き七十年

これは、井上甚之助が神田川を取材に訪れたころの宣伝文句である。(2)「明神下　神田川」が《西石垣》に支店をかまえた経緯は第3章でみた。だが、山蔭神社の玉垣には、本店と支店とにはさまれるかたちで「堂島　神田川」とある。これは、どういうことだろう……。

父は京都で鰻屋〔神田川〕を営んでいた。京都で神田川という屋号はいささか奇異の感がするがそれなりの訳がある。

もともとの出は群馬である。祖父は群馬県のさる郡長をしていたが、のち群馬県知事に推された。祖父はそれを断って東京に出た。

東京に出た祖父は本郷に三千坪の土地を買い、その土地の経営を神田明神下にあった鰻屋〔神田川〕に相談したのである。

なぜ鰻屋に相談したのかは解らないが、結果としてその鰻屋の協力を得て、本郷に祖父の鰻屋〔神田川〕が誕生した。(3)

この説明における誤りも、そして物語の続きもおわかりのこととおもう。これは、平成前期に話題を呼んだ料理バトル番組『料理の鉄人』に挑戦者（の頭目）としてたびたび登場した神田川俊郎（本名・大竹俊郎　一九三九〜二〇二一）の語りにほかならない。「料理は心や」というセリフが懐かしい。

大阪の料理屋で修業を積んだのち、お初天神に店をかまえた俊郎は、昭和四十（一九六五）年、うなぎではなくすっぽんと「新日本料理」とを看板に屋号「神田川」を受け継ぐ。(4)「堂島　神田川」の誕生である。

ひとつだけ補足すると、明神下の「神田川」は河川名に由来するわけではない。初代の神田茂七は向島の材木商・宇田川安兵衛の次男（幼名・安次郎）で、のちに医師・神田某の養嗣子となり、その養父の没後、両家の氏をあわせた「神田川」を店名にしたのだという。(5)

さて、うなぎ（料理）屋には必ずや秘伝・相伝のタレのはいった甕があるといわれるが、「明神下　神田川」でも初代から受け継がれたというエピソードが残されている。

鰻は味汁《たれ》の加減が第一である。神田川の味汁は五代前の主人が始《ママ》めて開業した時造つたもので、それが其の儘今日まで保存されてある。味汁は使へば減つて行くが、古いのへ毎日足して行くので、今では味汁は瓶の中でトロ〳〵として、殆んど油の様になつて居る。それであるから神田川では何より味汁が一番の寶で、そら火事だといふ声を聞いても真先きに味汁の瓶丈は、主人が持ち出すといふ仕来りになつて居る。(6)

神泉亭に神田川の支店を開いた宮田重固は、その分け前にあずかることはできたのであろうか。江戸の下町に生まれた蒲焼のタレが、はたして八十年の歳月を経て京都に持ち込まれていたのかどうか……、興味はつきない。

3　花見小路の菊水、その後

山蔭神社は別格として、地図にのらない小さな神社でも、歴史ある料理屋の名を刻んだ玉垣を目にすることがある。たとえば、三条通から小川通をあがったところにある幾世稲荷大明神。小川通に面した玉垣には、「祇園　いづう」、「河原町　東洋亭」、「西石垣　ちもと」、「四条　矢尾政」、「柳馬場　八新」など、本書で言及してきた店の名がみえる。いかなる由緒があるのか気になるところであるが、最後にもう一か所だけ玉垣を紹介しつつ、余話を添えて本書を閉じたい。

団栗橋のたもとから団栗通を祇園方面に向かって東へすすんで大和大路通をすぎると、「陀枳尼尊天」と刻まれた大きな標柱が目にはいる。ここは建仁寺境内の北西端に位置する塔頭「興雲庵」の境内にあたるのだが、「陀枳尼尊天《だきにそんてん》」（豊川稲荷）を祀っているためか、寺にはめずらしく通りに面して玉垣がある。

石に彫られた寄進者の名には気になるものもいくつかあるが、そこに「花見小路　菊水」の文字をみつけたときには、おもわず驚きの声をあげた（図終-5）。そう、明治四十五（一九一二）年春、はじめて京都を訪れた谷崎潤一郎が「とり鍋」（すき焼き）をつついたあの店である。菊水は現存しないので、文字どおり「名残り」というほかはない。

本書で多用してきた『商工人名録』や各種広告などから、店舗の存在だけはかろうじて追跡で

図終－5　陀枳尼尊天の玉垣

きるものの、谷崎以上に臨場感のある、そして資料価値のある記述はほかにみあたらない。唯一の例外は、五養軒をレポートした山川美久味の記事で（本書第5章を参照）、彼によると「鳥料理での老舗、祇園花見街の菊水、さきに味噌煮を創めて食通の舌をうならせ、こんど更に本場長崎から板前を呼びよせて純長崎料理を始めた」という――昭和十（一九三五）年のことだ。(7)

山川は菊水の長崎料理一式（三円）のメニゥを列挙している。

鰭　―鯛切身、菜、海参、海老半斤、椎茸
大鉢　―薄葛、豆しんじよ
味噌　―鯛豆腐、芥子
中鉢　―東坡肉　　以上が大菜
一、鯛さし身、坊風、ばくたい、わさび
一、湯引、三ツ葉、よりうど
一、雨子、南蛮漬

一、御飯、香の物
一、水物
一、あまかゆ　　以上が小菜

そのうち、東坡肉といふは、一名豚の角煮といふ。これは蘇東坡口伝による長崎料理中での逸品である。……〔略〕……菊水主人も早一人前の長崎通である。……〔略〕……

春雨そぼふる宵、茶席好みの離れの小間で赤い円い卓により異国情緒にし《ママ》たりながら友と語りつ汲む酒はまさに値千金である(8)〔。〕

谷崎の来訪から二十年以上たっても、座敷は「入金式」(「茶席好みの離れの小間」)であった。とり料理の菊水が、なぜ長崎料理を取り入れたのだろうか。ほかにも類するケースはみられるので、とり料理と長崎料理の相性はよかったのだろう。博多のとりの水炊きが長崎に由来するという説も想起されるところであるが(本書第4章を参照)、興味ぶかいことに、当時の京都では長崎料理のブームが起こっており、菊水の転向は時流にのった面もあったにちがいない。

では、いまさらながらであるのだが、とり料理(長崎料理)の菊水はどこにあったのか。谷崎の記すとおり、また陀枳尼尊天の玉垣にも刻まれているとおり、花見小路である。しかしながら、当時の「花見小路」は祇園町南側全体を指すこともあったようで、立地の詳細まではわからない。長年、謎のままであったものの、おもわぬところからその正確な位置が判明した。

しっぽく料理は元来が、中国から伝来した中国料理が多分に加味され、料理の名も小菜、総菜、大菜、澄免《すめ》などとよび、梅干しの酸味をぬいて衣をつけて揚げた点心や、けんちん汁や若どりとにんじんの和鶏《わけい》にんじん、おこわ蒸し、ごまどうふ、甘鯛なっとう和えなど大鉢取り分けで出たり、最後におしるこが出たりする。経机のような洒落た小卓が一人ずつに出て、そのひき出しから小皿や茶碗を取り出す仕組みもおもしろい。広い敷地内に平家建てを散在させているのもおもしろく、入口近くにはカウンターがあり、瓢亭で修業した長男がこれに専心している。舞妓だったその若嫁さんの給仕が好評で、人気がある(9)。

「しっぽく料理」の簡潔な解説にはじまり、「広い敷地内に平家建てを散在させている」という叙景をみるに、とり料理から出発した菊水が、本格的な長崎料理の店として成長した様子をみてとることができる……。同じ書籍の改訂版では「敷地が広く庭を大きくとり座敷の棟が散在する」とも表現されており(10)、座敷はかわらず「入金式」であることもわかる。

だが、じつのところこれは菊水に関する記事ではない。鳥居本を紹介した記述なのだ。鳥居本といえば、その名のとおり八坂神社の鳥居前に位置した料理屋がすぐにおもいうかぶ。

店に伝わる沿革は、享保年間の創業で、当代が七代目という。屋号の鳥居本は、もと祇園下河原にあって、鳥居のそばにあったところからの名だというが、今は移って祇園町南側、庭のある広い敷地で、すぐ南側には祇園歌舞練場の建物が見える(11)。

享保年間（一七一六～一七三六）に創業したという老舗料理屋の鳥居本が、祇園町南側へと移転していたのだ。実際、

下河原には、いま花見小路にある鳥居本が、古くから長崎のシッポク料理からヒントを得た祇園料理と共に、その古風な建物を誇ってゐた。この花見小路の家には一時菊水があった(12)。

などとも回顧されている。

「一時菊水があった」というよりは、どのような事由かさだかでないものの、祇園町南側の草分けたる菊水の後釜におさまったのが鳥居本であったのだ。昭和十三（一九三八）年八月発行の『洛味』には、「祇園料理　会席御料理　鳥居本　京都市祇園花見小路」という広告が掲載され、同じく「あれ（鳥居本）は花見小路へ移りました」という指摘もなされているので、まちがいあるまい(13)。

では、「祇園料理」とはなにか……。

祇園料理とよぶのは京料理とはちょっと変ったもので、そもそもは初期の主人が長崎へ行き、

その地でしっぽく料理に接してその様式を持ち帰り、京風を加えてアレンジしたものである。[14]

長崎の「しっぽく料理」に「京風を加えてアレンジした」のが「祇園料理」であるという。鳥居本と同じ享保年間の創業ともいわれる平野家が、[15] 長崎から持ち帰られた唐芋を改良して海老芋を栽培し、京名物いもぼうを誕生させた物語もあらためて想起されるのだが（本書第1章を参照）、ここではむしろ長崎料理に舵を切った菊水の土地建物を、なんの因果か（長崎由来の祇園料理をメインとする）鳥居本が受け継ぐという場所の系譜に興味を惹かれるところだ。

「しっぽく料理」に「京風」のくわわったのが「祇園料理」であると紹介したのは、わたしたち筆者が臼井喜之介と同じくらい影響を受けた國分綾子にほかならない。京都のまちと料理〈屋〉文化に通暁する彼女は、ときに人文地理学でいうところの〈場所の力〉を想起させるような解説をいくつか残している。

たとえば、洋食の「つぼさか」を引き合いに出して（本書第5章を参照）、次のように述べていた。

祇園町というところはふしぎな町で、その雰囲気にふさわしいのが、料亭、板前、一ぱい飲み屋など、とにかく和風であろうと思えるのだが、結構、洋食や中華料理店があってはやっている。ただし、その場合、ふしぎに洋食も祇園の洋食屋、中華料理も祇園の中華料理だと思わせるような店が多い。

つまりはなんでも祇園化してしまう。逆にいうと、どの店も祇園にあればいつの間にかそれらしく色がついてしまうのである。(16)

古川ロッパいうところの「色町洋食」だけではない。すぐれた京都〈食〉文化論である姜尚美『京都の中華』を読めば、「祇園の中華料理」のみならず、一面「花街中華」と呼ぶにふさわしい「京都の中華」のありようがはっきりとわかる。(17)

國分の語りをもうひとつ引用しておこう。

元来が九州博多の名物だった鶏の水だきが京都にはいってきて、いつのまにか京風にこなされてしまった。京都というところは、いいものをどしどし吸収して、なんでも京風に消化してしまう腕を持っている。(18)

これは、第4章で取り上げた水炊きにかんするコメントである。旅する文化が土地に根をおろすと、旅をふりかえることなく順応していたり、あるいは戦略的に適応するなどして、いつのまにかルーツ（起源と経路）が忘却されて土着化していることもままある。水だきは、その好例といってよい。

本書では、ここまで「いもぼう」、海川魚料理、うなぎの蒲焼、とりの水炊き、そして洋食の系譜を追いかけてきた。当然、わたしたちの見過ごしている、多様なる〈食〉の近代があるだろう。こと京都にかぎるとしても、まだまだ掘り起こすべき料理（屋）文化は多々ありそうである。探求の旅はつづきそうだ。

注

（1）京都府料理飲食業組合連合会『京都料飲70年沿革史』京都府料理飲食業組合連合会、一九九三年、五八-五九頁。
（2）井上甚之助「神田川〈うなぎ〉」（創元社編集部編『京都味覚地図』創元社、一九六四年（奥付は『1964年度版　京都味覚地図』））、一二一-一二三頁。引用は一二二頁より。同じページに掲載された写真には「東京　うなぎ　神田川」と書かれた三枚布の暖簾がみえる。
（3）神田川俊郎『まな板半生記』たる出版、一九九五年、六九頁。
（4）前掲、神田川俊郎『まな板半生記』、一〇八頁。
（5）永井菊治編『日本肖像大観　第一巻』吉川弘文館、一九〇八年、五頁。
（6）清水晴風（中村薫編）『神田の傳説』神田公論社、一九一三年、一〇六-一〇七頁。
（7）山川美久味「味と気分を訪ねて（二）」『洛味』第一巻第二号、一九三五年、七五-八二頁。引用は八二頁より。
（8）前掲、山川美久味「味と気分を訪ねて（二）」、八二頁。
（9）國分綾子『新訂版　京都味しるべ』駸々堂、一九八〇年、五六頁。

(10) 國分綾子『新　京都味しるべ』駸々堂、一九八四年、五六頁。
(11) 前掲、國分綾子『新訂版　京都味しるべ』、五六頁。
(12) 堂本寒星「明治の頃の京料理屋」(『洛味』第百集、一九六〇年)、三四-三六頁。引用は三六頁より。
(13) 『洛味』第四巻第三号、一九三八年、一三一頁。『洛味』第四巻第四号、一九三八年、四七頁。
(14) 前掲、國分綾子『新訂版　京都味しるべ』駸々堂、五六頁。
(15) 臼井喜之介『京都味覚散歩』白川書院、一九六二年、二四頁。
(16) 創元社編集部編『1975年版　京都味覚地図』創元社、一九七五年、七六頁。
(17) 姜尚美『京都の中華』幻冬舎文庫、二〇一六年。
(18) 國分綾子(文)・浜辺喜代治(写真)『カメラ京味百選』淡交新社、一九六三年、八〇頁。

あとがき

「私はいつもこの芋ぼうと、鯖ずしと、にしん蕎麦を、よそにはない、ほんとうの京の味の代表といっている」——第2章で引用したこの文章は、臼井喜之介のことばです。京料理の範疇にはいるかどうかはともかく、いかにも〈京都らしい〉料理といえるでしょう。長崎に由来する海老芋、北海道で水揚げされた鱈と鰊、そして若狭から運び込まれた鯖を上手にとりあわせて、ここ京都で生まれた料理ばかりなのですから。

本書を執筆するにあたり、わたしたちはつねに臼井喜之介『京都味覚散歩』と國分綾子『京都味しるべ』の各版を座右においていました。各版のページを繰れば、本書を書き終えてなお、新しい発見があります。いずれの機会にか「味覚地図」を散歩することにしましょう。その際は、読者のみなさんもぜひご一緒に。

二〇二一年十一月

加藤政洋・河角直美

謝辞

本書は、ＪＳＰＳ科研費（16H01965 代表 矢野桂司）の助成を受けた研究成果の一部です。末筆ながら記して謝意を表します。また、『酒場の京都学』につづいて筆者（加藤）のウェブサイトにいちはやく関心をもって編集を担当していただいた涌井格氏に感謝します。

地名索引

人名索引